Léa Doctrinal

À LA TABLE
de Brunechocolat

LAROUSSE

LE MOT
de l'autrice

Depuis aussi longtemps que je me souvienne, la cuisine (la gourmandise) a toujours fait partie de ma vie.

Enfant, je me souviens de la maison de mes grands-parents, on y préparait ensemble des tartes aux fruits fraîchement cueillis dans le jardin. Il me suffit de penser à cette période pour que revienne à ma mémoire, la douce odeur sucrée des quetsches, des cerises et des mirabelles encore tièdes, tout juste sorties du four.

Pour moi, cuisiner c'est bien plus que préparer un repas, c'est une manière d'aimer, de partager, de rassembler. J'aime composer des recettes simples avec de bons produits mais ce que j'aime aussi, c'est tout ce qui entoure ces moments de convivialité : les belles tables dressées avec soin, les objets patinés par le temps, la vaisselle ancienne que je chine avec passion.

Ce livre, c'est un recueil de tout ce que j'aime. J'espère qu'en le feuilletant, vous y trouverez un peu de réconfort, de plaisir et pourquoi pas, l'envie de chiner à votre tour.

Léa

alias @brunechocolat

mmaire

RECETTES SALÉES

RECETTES SUCRÉES

LES TABLÉES DE FÊTES DE FIN D'ANNÉE

RECETTES SALÉES

Madeleines salées au comté
Salade d'hiver
Tatin d'oignons rouges
et plus encore...

CAROTTES RÔTIES *colorées*

POUR 2 PERSONNES / PRÉPARATION 10 MIN / CUISSON 45 MIN

5 carottes
Pour la sauce 2 yaourts grecs _ 2 c. à soupe d'huile d'olive
2 c. à café de paprika

1. Préchauffez le four à 180 °C. Faites chauffer une casserole d'eau.
2. Coupez les carottes dans la longueur, plongez-les dans l'eau bouillante pendant 10 min puis égouttez-les.
3. Sur une plaque allant au four, disposez les carottes en veillant à ce qu'elles ne se chevauchent pas. Versez dessus un filet d'huile d'olive, salez et poivrez à votre convenance. Enfournez pour 35 min.
4. Préparez la sauce : mélangez les yaourts avec l'huile, le paprika, du sel et du poivre.
5. Dressez en recouvrant le fond des assiettes avec la sauce au yaourt puis disposez les carottes par-dessus.

PAIN FARCI
au camembert

POUR 1 PAIN FARCI / PRÉPARATION 5 MIN / CUISSON 10 MIN

1 pain de campagne rond _ 1 camembert au lait cru
1 c. à soupe de miel _ 1 c. à soupe de thym séché
Quelques cerneaux de noix

1 Préchauffez le four à 200 °C. Découpez la partie haute de la boule de pain, de sorte à pouvoir la soulever. Creusez l'intérieur puis placez le camembert au centre. Refermez avec le chapeau et enfournez pendant 10 min.

2 Pendant ce temps, ajoutez dans une casserole le miel, le thym et les noix grossièrement hachées puis faites chauffer légèrement.

3 À la sortie du four, versez la préparation sur le dessus, coupez des parts et dégustez.

ASTUCE — Ne jetez pas la mie de pain, vous pourrez en faire des croûtons maison (voir p. 19) pour accompagner vos salades.

TATIN
d'oignons rouges

POUR 4-6 PERSONNES / PRÉPARATION 10 MIN / CUISSON 35-40 MIN

4 oignons rouges en rondelles (5 mm d'épaisseur)
1 pâte feuilletée _ 3 c. à soupe de vinaigre velours balsamique
1 c. à soupe de thym séché
50 g de feta émiettée (facultatif)

1 Préchauffez le four à 180 °C. Dans le fond d'un plat à tarte, déposez du papier sulfurisé. Versez le vinaigre et un filet d'huile d'olive puis étalez à l'aide d'un pinceau. Parsemez de thym et déposez par-dessus les rondelles d'oignons en les superposant.

2 Recouvrez le tout avec la pâte feuilletée, repliez les bords et piquez la pâte à différents endroits à l'aide d'une fourchette. Enfournez pour 35 à 45 min.

3 À la sortie du four, attendez quelques minutes avant de retourner et de démouler la tarte tatin. Pour plus de gourmandise, vous pouvez ajouter de la feta sur le dessus juste avant de servir.

VARIANTE ___ Cette recette peut aussi être déclinée en tartelettes individuelles, parfaites pour vos apéros. Le temps de cuisson est de plus ou moins 20 min.

VELOUTÉ DE BUTTERNUT
et carottes

POUR 4 PERSONNES / PRÉPARATION 10 MIN / CUISSON 25 MIN

1 butternut d'environ 550 g en morceaux
2 ou 3 carottes (environ 350 g) en morceaux
1 oignon jaune émincé _ 1 cube de bouillon

1. Dans une cocotte à feu moyen, faites dorer les oignons avec un généreux filet d'huile d'olive pendant 3 à 5 min.
2. Ajoutez le reste des légumes et laissez dorer 2 min de plus. Ajoutez de l'eau à hauteur puis portez à ébullition.
3. Une fois que l'eau bout, ajoutez le bouillon, mélangez puis baissez à feu moyen. Couvrez et laissez cuire encore 20 min.
4. Retirez du feu puis mixez le tout à l'aide d'un mixeur plongeant ou d'un blender.
5. Servez avec des croûtons maison (voir p. 19) et un peu de crème fraîche.

CROÛTONS
ail et thym

POUR 4 PERSONNES / PRÉPARATION 5 MIN / CUISSON 10 MIN

½ baguette de pain en dés _ 1 c. à café d'ail en poudre
1 c. à café de thym séché _ 2 c. à soupe d'huile d'olive

1 Préchauffez le four à 180 °C. Dans un saladier, mettez le pain, l'huile, l'ail et le thym puis mélangez.

2 Disposez le tout sur une plaque allant au four recouverte de papier sulfurisé, en veillant à ce que les morceaux ne se chevauchent pas. Enfournez pour 10 min.

TARTELETTES
roquefort et poire

POUR 6 TARTELETTES / PRÉPARATION 5 MIN / CUISSON 20 MIN

1 pâte feuilletée rectangulaire _ 50 g de roquefort en morceaux
3 petites poires pelées et en lamelles _ 1 œuf
(pour la dorure) _ 6 c. à soupe de crème liquide
1 c. à soupe de thym séché _ Quelques cerneaux de noix
6 tranches de jambon en chiffonnade (facultatif)
1 filet de miel

1. Préchauffez le four à 180 °C. Coupez la pâte feuilletée en six puis repliez les bords de chacun des carrés sur eux-même (voir ci-contre). À l'aide d'un pinceau, dorez la pâte avec l'œuf battu.
2. Déposez l'équivalent d'une demi-poire sur chaque morceau de pâte. Versez 1 c. à soupe de crème sur chaque demi-poire puis saupoudrez d'un peu de thym, de sel et de poivre. Enfournez pour 20 min.
3. À la sortie du four, déposez le roquefort, les noix, le jambon puis terminez par le miel (c'est ce qui fait toute la différence !).

CONSEIL ___ Cette recette est idéale en entrée, accompagnée d'une salade ou bien en apéritif dinatoire.

Comment composer UNE PLANCHE APÉRO ?

Recevoir des invités n'implique pas forcément de dresser une grande tablée. La planche apéritive est une alternative parfaite pour un moment convivial autour de bons produits, sans pour autant passer des heures en cuisine. Alors voici quelques étapes clés à suivre pour composer vos plus jolis plateaux.

LE CHOIX DE LA PLANCHE

Ronde ou rectangulaire ? C'est vous qui choisissez ! Veillez simplement à ce qu'elle soit adaptée aux nombres de convives et qu'elle puisse recevoir la quantité d'aliments prévue. Auquel cas, prévoyez plusieurs planches afin d'avoir plus de place et de pouvoir disposer les mets de façon harmonieuse.

Pour le matériau ? C'est à vous de choisir également ! De mon côté, j'avoue avoir une petite préférence pour le bois, que je trouve plus adapté et chaleureux, bien que le marbre ou l'ardoise fonctionnent aussi très bien. Évitez simplement le plastique ou le métal car il y a un risque de transfert d'arôme.

COMPOSER SA PLANCHE

Le format planche apéritive est personnalisable à l'infini. C'est le moment de laisser libre cours à votre imagination en fonction de vos goûts, des produits de saison mais aussi de ce qu'il reste dans vos placards ! Bien que vous puissiez y mettre tout un tas d'aliments (vous trouverez une liste non exhaustive plus bas), je vous recommande fortement d'opter pour des produits de qualité car vous les consommerez de façon brute. Privilégiez toujours la qualité à la quantité.

Pour les quantités, cela dépend du nombre de convives et du type de planche que vous servez : de fromages, de crudités, de charcuterie ou une planche mixte. Voici quelques exemples :

POUR UNE PLANCHE DE FROMAGES POUR 6 PERSONNES :

5 fromages _ 2 tartinades
2 baguettes de pain
Des crackers
Des olives
Des oléagineux

POUR UNE PLANCHE MIXTE POUR 2 PERSONNES :

2 petits fromages
1 tartinade
1 baguette de pain
Des crackers _ Des fruits secs _ 4 tranches de jambon en chiffonnade ou du saucisson

INSPIRATIONS POUR UNE PLANCHE BIEN GARNIE

LES FROMAGES

Bleu d'Auvergne
Brie à la truffe
Brie de Meaux
Burrata
Camembert
Chèvre cendré
Chèvre frais
Comté
Crottin de chèvre
Feta
Gouda
Gouda au cumin
Mimolette
Mozzarella
Pont-l'évêque
Saint-nectaire
Tête de moine
Saint-marcellin

LES TARTINABLES ET LES TARTINADES

Confiture
Miel
Guacamole
Houmous (voir p. 31)
Poivronnade
Rillettes de sardine
Tapenade (d'olives vertes ou noires)
Tarama
Tzatzíki

LA CHARCUTERIE

Coppa
Fouet catalan
Jambon à la truffe
Jambon blanc
Jambon en chiffonnade
Mortadelle
Pâté de campagne
Rillettes
Rosette
Saucisson nature ou aux noix, aux figues, aux herbes, au fromage...
Viande des grisons

LES CRUDITÉS ET LES LÉGUMES

Artichauts marinés
Carottes
Champignons farcis
Chou-fleur
Concombre
Pieds de brocolis
Radis
Tomates cerises
Tomates séchées

LES FLEURS COMESTIBLES

Capucine _ Bourrache
Fleur de courgette
Lavande _ Bleuet
Violette _ Pensée
Thym

LES PAINS ET LES CRACKERS

Baguette tradition
Focaccia
Pain de campagne, aux céréales, aux fruits et aux noix (exemples : figues et noix, cranberries-abricot et noix)
Crackers aux graines (voir p. 31)
Crackers aux olives

LES FRUITS, LES FRUITS SECS ET LES OLÉAGINEUX

Clémentines
Figues
Framboises
Kaki
Melon
Mûres
Olives
Poires Conférence
Pommes Granny
Raisin
Baies de goji
Cranberries
Amandes
Graines de courge
Noisettes
Noix
Noix de pécan

PRÉPARZ VOTRE PLANCHE APÉRITIVE

1. Commencez par découper les fromages à pâte dure type comté et gouda, cela facilitera le service pour les convives.
2. Placez les tartinades dans des petits récipients, le rendu sera plus joli et plus pratique.
3. Placez les éléments les plus volumineux tels que les fromages et les petits bols contenant les tartinades. Commencez par le milieu ou par un côté : il faut bien les espacer.
4. Placez les crackers : faites attention à en disposer un peu partout et sur les bords du plateau afin qu'ils soient accessibles à tous.
5. Disposez ensuite la charcuterie par petits blocs ou bien façonnez-les de sorte à former des fleurs et déposez-les un peu partout sur le plateau. Si vous faites un plateau de fromages, passez cette étape.
6. Venez ensuite combler tous les espaces vides avec des olives, des fruits et/ou des oléagineux.
7. Ajoutez des éléments décoratifs pour sublimer votre présentation. Des herbes fraîches, des fleurs comestibles, des petits pots de confiture ou de miel peuvent apporter une touche d'élégance et de raffinement à votre planche.

Enfin, pensez à accompagner votre plateau d'une panière de pain prédécoupé, de serviettes et de petits ustensiles ou de pics pour faciliter la dégustation.

En suivant ces étapes simples, vous pourrez dresser un joli plateau qui ravira les yeux et les papilles de vos invités.

N'hésitez pas à laisser libre cours à votre créativité et à personnaliser votre planche selon vos goûts et la saison.

Personnaliser son CHÈVRE FRAIS

Pour aller encore plus loin, façonnez votre propre chèvre frais en quelques minutes seulement. Je partage avec vous mon favori et celui que je fais le plus souvent : le chèvre frais cranberries, pistache et miel. Dégusté sur un pain aux céréales encore tiède, un pain au levain ou encore un pain aux noix et fruits confits, c'est tout simplement un régal !

COMMENT LE PRÉPARER ?

POUR 1 CHÈVRE FRAIS / PRÉPARATION 5-10 MIN

200 g de chèvre frais _ Un peu de miel liquide
40 g de pistaches _ 10 g de noisettes
50 g de cranberries
Matériel Du film étirable

1. Découpez un rectangle de film étirable puis placez-y au centre le chèvre frais. Refermez le film puis façonnez le chèvre en laissant libre cours à votre créativité. Vous pouvez faire une bûche, un rond, un carré, un rectangle ou encore un cœur. Ici, j'ai choisi cette dernière option.
2. Retirez le film délicatement et recouvrez grossièrement le chèvre de miel liquide.
3. Dans un mortier, écrasez les pistaches et les noisettes pour obtenir de petits morceaux.
4. Répartissez généreusement des cranberries et des morceaux de pistaches et de noisettes sur le chèvre. Et voilà, le tour est joué !

CRACKERS AUX GRAINES

POUR 4 PERSONNES / PRÉPARATION 5 MIN / CUISSON 20 MIN

20 g de graines de lin _ 10 cl d'eau chaude
80 g de graines de lin dont 60 g moulues
80 g de graines de courge _ 80 g de graines de tournesol
1 c. à café de cumin en poudre _ 1 c. à café de sel

1. Préchauffez le four à 180 °C. Dans un saladier, mélangez les graines de lin moulues avec l'eau puis laissez reposer quelques secondes avant de mélanger. Ajoutez le reste des ingrédients et mélangez à nouveau.
2. Sur une plaque allant au four recouverte de papier sulfurisé, déposez la préparation en formant un rectangle d'une épaisseur de 5 mm. Enfournez pour 20 min puis laissez encore 20 min dans le four éteint et fermé.
3. À la sortie du four, attendez que la plaque soit complètement froide avant de la casser pour former les crackers.

HOUMOUS

POUR 4 PERSONNES / PRÉPARATION 5 MIN

1 conserve de 400 g de pois chiches
(265 g égouttés + quelques-uns pour le décor)
3 c. à soupe d'huile d'olive
3 cl d'eau froide ou à température ambiante
1 c. à soupe de tahini _ Le jus de ½ citron
1 c. à café de cumin en poudre (ou en graines)
Quelques feuilles de persil ciselées (pour le décor)

1. Rincez et égouttez les pois chiches. Placez tous les ingrédients dans le mixeur avec du sel et du poivre puis mixez jusqu'à obtenir une texture homogène. Ajoutez un peu d'eau si la texture semble trop épaisse.
2. Faites un joli dressage avec les pois chiches mis de côté, un filet d'huile d'olive, du cumin et un peu de persil

TRIO
de houmous

POUR 4 PERSONNES / PRÉPARATION 10 MIN

Pour le houmous 1 conserve de 400 g de pois chiches
(265 g égouttés) _ 3 c. à soupe d'huile d'olive
3 cl d'eau froide ou à température ambiante
1 c. à soupe de tahini _ 1 c. à café de cumin en poudre
(ou en graines) _ ½ gousse d'ail _ Le jus de ½ citron
Pour les variantes 1 c. à soupe rase de purée de sésame noir
2 c. à café de curry en poudre _ 1 c. à café de cumin

1. Préparez le houmous : rincez et égouttez les pois chiches. Placez tous les ingrédients dans le mixeur avec du sel et du poivre puis mixez jusqu'à obtenir une texture homogène. Ajoutez un peu d'eau si la texture semble trop épaisse.
2. Séparez le houmous en 3 ramequins. Dans le premier, ajoutez la purée de sésame et mélangez.
3. Dans le deuxième, ajoutez le curry et mélangez.
4. Dans le dernier, ajoutez le cumin et mélangez.

CONSEIL ___ Saupoudrez des poudres et des graines sur le dessus des houmous afin de les rendre plus attrayants.

ASTUCE ___ Ajoutez un ou deux glaçons, placez-les directement dans le mixeur. La glace permettra de refroidir le mélange et d'obtenir un houmous plus onctueux.

MADELEINES SALÉES

au comté

POUR 12-15 MADELEINES / PRÉPARATION 5 MIN / CUISSON 9 MIN

100 g de comté râpé _ 1 c. à soupe de levure chimique
100 g de farine _ 3 œufs _ 70 g de beurre fondu
1 pincée de sel

1 Préchauffez le four à 200 °C. Dans un cul de poule, incorporez la levure à la farine puis creusez un puits au centre.

2 Dans un autre cul de poule, battez les œufs puis ajoutez le beurre et le sel. Ajoutez la préparation liquide aux poudres puis mélangez.

3 Ajoutez le comté, mélangez à nouveau puis placez la préparation dans des moules à madeleines.

4 Enfournez 9 min à 200° C. À la sortie du four, attendez quelques minutes avant de démouler puis dégustez.

ŒUFS MIMOSA
et avocat

POUR 4 PERSONNES / PRÉPARATION 10 MIN / CUISSON 10 MIN

4 œufs _ 1 avocat
1 petite échalote finement ciselée
1 c. à café bombée de mayonnaise
Un peu de persil (ou des fleurs comestibles, pour le décor)

1. Faites cuire les œufs 10 min dans une casserole d'eau bouillante.
2. Pendant ce temps, dans une assiette creuse, écrasez l'avocat à l'aide d'une fourchette. Ajoutez l'échalote, la mayonnaise et assaisonnez avec du sel et du poivre à votre goût.
3. Une fois les œufs cuits, passez-les sous l'eau froide et retirez la coquille. Coupez-les en deux dans le sens de la hauteur pour récupérer les jaunes et les ajouter à la préparation.
4. Toujours avec une fourchette, écrasez et mélangez le tout jusqu'à obtenir une purée homogène.
5. Répartissez la préparation dans les blancs d'œufs. Pour un joli visuel et un petit goût en plus, vous pouvez ajouter un peu de persil ou des fleurs comestibles sur le dessus des œufs mimosa.

ASTUCE ___ Si vous souhaitez obtenir une texture plus liquide, vous pouvez écraser et mélanger la préparation à base de jaunes d'œufs avec un mixeur.

LES GRAINES *germées*

Les graines germées sont de retour sur le devant de la scène et on comprend vite pourquoi ! En plus de décorer nos plats et leur apporter du goût, elles sont riches en bienfaits.

COMMENT LES PRÉPARER ?

Pour préparer vos graines germées à la maison, vous aurez besoin d'une jarre à germer ou bien d'un germoir à étages (plus pratique lorsque l'on veut faire germer deux sortes de graines en même temps). C'est cette seconde option que nous utiliserons ici ; vous en trouverez dans les magasins bio ou sur Internet.

Voici quelques recommandations avant de vous lancer :

1. Lavez-vous bien les mains avant de manipuler les graines ;
2. lavez et ébouillantez les récipients et bocaux servant à la production ;
3. pour ne pas commettre d'erreur, il est préférable d'acheter vos graines à germer dans un magasin spécialisé ;
4. faites tremper et rincez soigneusement les graines avant de les consommer ;
5. changez l'eau et rincez les graines à l'eau fraîche régulièrement (matin et soir).

QUELLES GRAINES FAIRE GERMER ?

Il existe tout un tas de graines à faire germer, mais voici une petite sélection des plus courantes :

Les graines d'alfalfa
Les graines de soja vert (pousses de soja)
Les graines germées de poireau, de betterave, de radis ou encore de pois chiche

COMMENT LES FAIRE GERMER ?

ÉTAPE 1
LE TREMPAGE

Cette étape est fondamentale. Placez 1 c. à soupe de graines à germer dans un verre. Remplissez-le d'eau puis laissez tremper toute une nuit au réfrigérateur.

ÉTAPE 2
LE RINÇAGE

Le lendemain, placez les graines dans les bacs du germoir puis rincez abondamment. Superposez ensuite et laissez ainsi jusqu'au prochain rinçage.

Rincez les graines matin et soir, pendant le nombre de jours indiqué sur le paquet de graines. Attention, toutes les graines ne nécessitent pas la même fréquence de rinçage.

COMMENT LES CONSOMMER ?

Les graines germées sont parfaites pour agrémenter salades, planches apéritives, toasts, soupes, bowls ou encore des légumes.

LES BIENFAITS

Les graines germées sont de super antioxydants, riches en nutriments (vitamines, minéraux, protéines, oligoéléments...) et sont en plus faciles à digérer. La graine d'Alfalfa est la plus complète.

TOASTS
à l'avocat

POUR 6 PETITS TOASTS OU 4 GRANDS TOATS / PRÉPARATION 10 MIN

6 tranches de pain de campagne (ou de pain de votre choix)
2 avocats _ 2 petites échalotes (ou 1 grosse) finement ciselées
1 c. à café de cumin _ Graines germées (facultatif)

1 Dans un saladier, écrasez les avocats en purée.

2 Mélangez les échalotes à l'avocat puis assaisonnez avec du sel, du poivre et le cumin.

3 Déposez la préparation sur les toasts puis parsemez d'un peu de graines germées (voir p. 38).

VARIANTES ___ Vous pouvez varier les plaisirs grâce à différentes options :

___ Écrasez 2 œufs durs (cuisson 10 min) et ajoutez-les à la préparation.

___ Ajoutez 2 c. à soupe de cream cheese à la préparation et parsemez de saumon fumé.

___ Faites cuire des œufs mollets (cuisson 6 min) et disposez-les sur le dessus des toasts. Coupez-les en deux pour laisser le jaune couler sur le toast.

ROSES FEUILLETÉES
à la courgette

POUR 6 FEUILLETÉS / PRÉPARATION 15 MIN / CUISSON 30 MIN

2 courgettes en fines rondelles
1 pâte feuilletée _ 200 g de fromage frais de chèvre
Quelques feuilles de menthe fraîche ciselées

1 Préchauffez le four à 180 °C. Lavez les courgettes et coupez-les à l'aide d'une mandoline (attention aux doigts).

2 Plongez les courgettes dans une casserole d'eau bouillante pendant 1 min, puis dans de l'eau froide pour stopper la cuisson et garder leur jolie couleur. Égouttez les rondelles sur de l'essuie-tout ou un linge propre.

3 Dans un bol, mélangez le chèvre frais, la menthe, du sel et du poivre.

4 Coupez la pâte en 6 bandes puis étalez la préparation précédente dessus. Déposez les rondelles de courgettes en commençant par le haut de chacune des bandes et en les faisant se chevaucher et dépasser de moitié.

5 Une fois recouvertes de courgette, repliez les bandes sur elles-mêmes dans le sens de la longueur puis roulez-les sur elles-mêmes (voir ci-contre). Déposez les feuilletés dans des moules à muffins et enfournez pour 30 min.

LES LÉGUMES *de saison*

Printemps

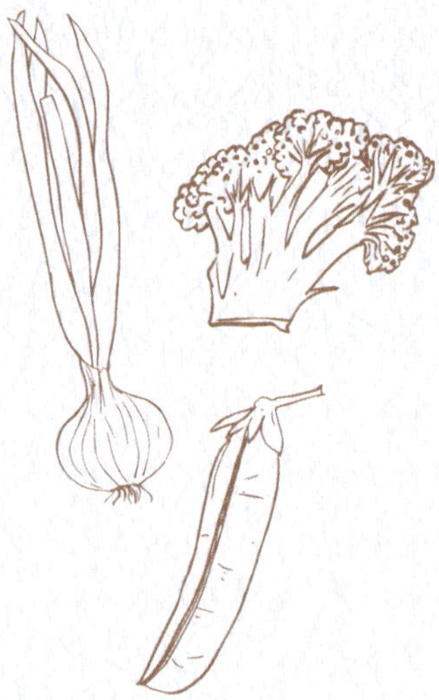

Ail
Ail nouveau
Artichaut
Asperge
Blette
Brocoli
Carotte
Céleri
Ciboulette
Concombre
Courgette
Fenouil
Fève
Haricot vert
Haricot plat
Laitue
Oignon nouveau
Petit pois
Poireau
Pomme de terre

Été

Ail
Ail nouveau
Artichaut
Aubergine
Basilic
Blette
Brocoli
Carotte
Céleri
Champignon
Concombre
Courgette
Épinard
Haricot plat
Haricot vert
Laitue
Oignon nouveau
Poivron
Radis
Romaine

Automne

Ail
Avocat
Betterave
Brocoli
Carotte
Céleri
Céleri-rave
Champignon
Chou
Courges
Endive
Frisée
Maïs
Navet
Oignon
Panais
Poireau
Pomme de terre

Hiver

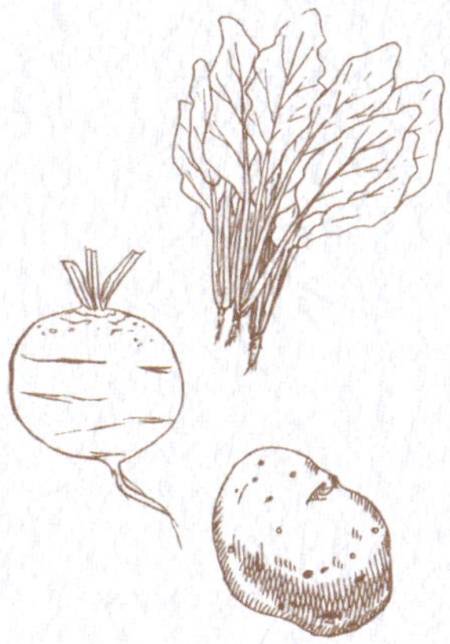

Ail
Avocat
Betterave
Blette
Carotte
Céleri
Céleri-rave
Choux
Courges
Endive
Épinard
Frisée
Navet
Oignon
Panais
Patate douce
Poireau
Pomme de terre

BEURRE

maison

POUR 150 G DE BEURRE / PRÉPARATION 30 MIN

50 cl de crème entière (minimum 30 % de mat. gras.) froide
2 c. à café de fleur de sel

1. Dans le bol d'un robot pâtissier, versez la crème tout juste sortie du réfrigérateur. Commencez par fouetter en vitesse moyenne pendant 5 min puis augmentez la vitesse et fouettez pendant 15 min.
2. Au bout de 20 min, le beurre se sépare du babeurre (le liquide épais formé par le petit lait). Récupérez le beurre et, à l'aide d'une étamine ou d'un linge propre, retirez l'excédent de babeurre.
3. Ajoutez la fleur de sel au beurre et malaxez pour la répartir de façon homogène.
4. Il ne vous reste plus qu'à façonner le beurre de la forme de votre choix et à le placer au réfrigérateur avant de déguster.

ASTUCE — Le beurre maison se conserve plus ou moins 4 jours au réfrigérateur.

VARIANTES — Vous pouvez réaliser un beurre doux si vous ne mettez pas le sel, ou varier les plaisirs en le remplaçant par du curry, du piment d'Espelette, du paprika, du thym ou encore des fleurs comestibles. Vous pouvez adapter cette recette à vos envies !

TARTE AUX POIREAUX *et au chèvre*

POUR 4-6 PERSONNES / PRÉPARATION AVEC UNE PÂTE MAISON 30 MIN
PRÉPARATION AVEC UNE PÂTE INDUSTRIELLE 25 MIN / CUISSON 45 MIN

1 kg de poireaux (3 ou 4 poireaux)
5 cl d'eau _ 1 pâte brisée (voir recette p. 84)
3 œufs _ 20 cl de crème semi-épaisse
1 bûche de chèvre

1 Nettoyez les poireaux et coupez les extrémités pour ne garder que les blancs. Coupez-les dans la longueur puis en demi-rondelles.

2 Faites-les revenir 2 min dans une poêle à feu moyen avec un filet d'huile d'olive, puis ajoutez l'eau et couvrez pendant 10 min.

3 Préchauffez le four à 180 °C. Préparez l'appareil à tarte en mélangeant les œufs, la crème, du sel et du poivre.

4 Étalez la pâte brisée dans un plat à tarte puis piquez le fond avec une fourchette. Déposez les poireaux sur le fond de tarte puis versez l'appareil. Disposez des rondelles de chèvre sur le dessus avant d'enfourner pour 35 min.

SALADE
chèvre-miel

POUR 4 PERSONNES / PRÉPARATION 5 MIN / CUISSON 10 MIN

200 g de salade (ou endives) _ 1 bûche de chèvre en rondelles
1 filet de miel _ 1 baguette de pain coupée en tartines
Thym séché _ 40 g de cerneaux de noix
Pour la vinaigrette 6 c. à soupe d'huile de noix
4 c. à soupe de vinaigre de cidre
1 c. à café de moutarde à l'ancienne
1 c. à café de miel

1. Préchauffez le four à 180 °C. Déposez le chèvre sur le pain et enfournez pour 10 min.
2. Pendant ce temps, préparez la vinaigrette en mélangeant tous les ingrédients.
3. À la sortie du four, déposez le miel puis du thym à votre convenance sur les toasts de chèvre.
4. Dressez la salade avec la vinaigrette, les toasts puis déposez les noix par-dessus.

SALADE
d'hiver

POUR 4-6 PERSONNES / PRÉPARATION 10 MIN

100 g de roquette _ 100 g de pousses d'épinard
2 grosses betteraves cuites au feu de bois, en rondelles
2 carottes râpées dans la longueur
1 orange sanguine en tranches _ 40 g de feta émiettée
Quelques pignons de pin _ Quelques noix
Quelques graines de courges
Pour la vinaigrette 1 c. à soupe de vinaigre balsamique
3 c. à soupe d'huile d'olive _ Sel et poivre

1 Dans une poêle, faites dorer les pignons de pin.

2 Dans un plat, déposez tous les ingrédients pour composer votre salade.

3 Préparez la vinaigrette en mélangeant tous les ingrédients, salez et poivrez. Mélangez énergiquement jusqu'à obtention d'un mélange homogène.

4 Servez la vinaigrette à part, dans un bol, afin que chacun puisse assaisonner à sa convenance.

CROISSANTS GARNIS AU JAMBON

et aux épinards

POUR 4 PERSONNES / PRÉPARATION 5 MIN / CUISSON 10 MIN

4 croissants _ 2 tranches de jambon
150 g de pousses d'épinard _ 60 g d'emmental râpé
Pour la béchamel 40 cl de lait demi-écrémé
30 g de fécule de maïs _ 1 c. à café de noix de muscade moulue
(ou ½ noix de muscade à râper)

1 Préchauffez le four à 200 °C. Préparez la béchamel : dans une casserole, versez le lait, la fécule de maïs, la muscade, du sel et du poivre. Portez le mélange à ébullition tout en mélangeant. Une fois que les premières bulles apparaissent et que la consistance épaissit, ajoutez 50 g de fromage et continuez de mélanger jusqu'à ce qu'il fonde. Retirez du feu et réservez.

2 Ouvrez les croissants en deux. Déposez une couche de béchamel, une demi-tranche de jambon, quelques pousses d'épinard et de nouveau de la béchamel.

3 Refermez et enfournez pour environ 5 min. À déguster à la sortie du four accompagné d'une salade de pousses d'épinard.

TARTE SOLEIL

roquefort, poires et noix

POUR 6-8 PERSONNES / PRÉPARATION 15 MIN / CUISSON 30 MIN

150 g de roquefort _ 4 c. à soupe de crème fraîche
2 poires _ 1 œuf _ 2 pâtes feuilletées rondes
Quelques noix en morceaux

1 Préchauffez le four à 180 °C. Dans une casserole, faites fondre le roquefort en morceaux avec la crème fraîche. Réservez ensuite jusqu'à refroidissement de la préparation.

2 Pendant ce temps, coupez très finement les poires à l'aide d'une mandoline (attention à vos doigts).

3 Déroulez la première pâte feuilletée et déposez la crème de roquefort de façon uniforme. Ajoutez les lamelles de poires et les morceaux de noix puis recouvrez de la seconde pâte.

4 Découpez les rayons de votre soleil à l'aide d'un couteau puis tournez deux fois chaque rayon sur lui-même.

5 Dans un petit bol, battez l'œuf puis badigeonnez la tarte à l'aide d'un pinceau alimentaire. Enfournez pour 30 min.

ASTUCE ___ Vous pouvez utiliser de la crème de roquefort déjà prête.

LES FLEURS *de saison*

Printemps

Anémone _ Arum _ Camélia
Gypsophile _ Iris
Jacinthe _ Lilas
Muguet _ Narcisse
Œillet des poètes
Pavot _ Pivoine
Renoncule _ Rose
Tulipe _ Violette

Été

Ancolie _ Chèvrefeuille
Dahlia _ Delphinium
Gardénia _ Hortensia
Jasmin _ Lavande
Lupin _ Lys
Marguerite _ Nigelle
Rose trémière
Statice

Automne

Amaryllis _ Aster
Camélia d'automne
Chardon
Chrysanthème
Clématite
Cosmos
Graminées
Dahlia

Hiver

Anémone
Jacinthe
Mimosa
Renoncule
Hellébore
Narcisse

POISSON
en papillote

POUR 2 PERSONNES / PRÉPARATION 5 MIN / CUISSON 20 MIN

2 filets de poisson (merlu, cabillaud, lieu noir...)
2 c. à soupe d'huile d'olive _ Sel, poivre et thym

1 Préchauffez le four à 180 °C. Sur une plaque allant au four, placez une feuille de papier cuisson et déposez les filets au centre. Assaisonnez à votre convenance avec de l'huile d'olive, du sel, du poivre et du thym.

2 Formez une papillote et enfournez pour une vingtaine de minutes.

CONSEIL — À déguster idéalement avec des légumes rôtis et du riz.

FLEURETTES DE CHOU-FLEUR

rôti au curry et sauce au cumin

POUR 4 PERSONNES / PRÉPARATION 5 MIN / CUISSON 30 MIN

1 petit chou-fleur ou la moitié d'un gros
5 c. à soupe d'huile d'olive _ 1 c. à café de curry en poudre
1 c. à café de cumin en poudre _ 1 pincée de sel
Pour la sauce 2 yaourts grecs
1 c. à café de cumin en poudre _ 1 pincée de sel

1. Préchauffez le four à 180 °C. Détaillez le chou-fleur en fleurettes, lavez et égouttez-les. Placez-les ensuite sur une plaque de cuisson allant au four.
2. Dans un petit bol, mélangez l'huile d'olive, le curry, le cumin et le sel puis appliquez la préparation sur les fleurettes à l'aide d'un pinceau alimentaire. Enfournez pour 30 min.
3. Pendant ce temps, préparez la sauce en mélangeant le yaourt grec avec le cumin et le sel.

LASAGNES RATATOUILLE
et chèvre

POUR 6 PERSONNES / PRÉPARATION 15 MIN / CUISSON 35 MIN

9 feuilles de lasagnes sans précuisson
1 bocal (600 g) de ratatouille
1 bûche de chèvre en rondelles
50 g de parmesan _ 100 g de mozzarella
1 c. à soupe de thym séché
Pour la béchamel légère 60 cl de lait demi-écrémé
50 g de fécule de maïs _ 2 c. à café de muscade moulue

1 Préchauffez le four à 180 °C et préparez la béchamel : dans une casserole, versez le lait, la fécule de maïs, la muscade, du sel et du poivre. Portez le mélange à ébullition tout en mélangeant. Une fois que les premières bulles apparaissent et que la consistance épaissit, retirez du feu et continuez de remuer un peu.

2 Tapissez le fond d'un plat à gratin d'une cuillère à soupe de béchamel puis déposez une première couche de feuilles de lasagnes. Ajoutez de nouveau une couche de béchamel (un tiers de la préparation), une couche de ratatouille (la moitié du bocal) puis des rondelles de chèvre. Déposez une deuxième couche de lasagnes puis un nouveau tiers de la béchamel, le reste de ratatouille, des rondelles de chèvre et des lasagnes à nouveau.

3 Terminez par une couche de béchamel et recouvrez le tout de parmesan et de mozzarella en morceaux. Saupoudrez le dessus d'un peu de thym et enfournez pour 35 min.

TOASTS AU HOUMOUS
et légumes rôtis

POUR 2 PERSONNES / PRÉPARATION 5 MIN

2 tranches de pain de campagne ou aux céréales
4 c. à soupe de houmous (voir recette p. 30)
Méli-mélo de choux (voir recette ci-dessous)
Quelques graines (de courge, de sésame… facultatif)

1 Passez les tranches de pain au grille-pain.

2 Disposez 2 c. à soupe de houmous sur chacune des tartines puis déposez les légumes rôtis sur le dessus avec quelques graines.

3 Servez accompagné d'une salade ou du reste des légumes rôtis.

MÉLI-MÉLO
de choux

POUR 4-6 PERSONNES / PRÉPARATION 10 MIN / CUISSON 30 MIN

1 chou-fleur en fleurettes _ 10 choux de Bruxelles coupés en deux
1 chou romanesco ou brocoli _ 6 c. à soupe d'huile d'olive _ Paprika

1 Préchauffez le four à 180 °C. Dans un saladier, placez les morceaux de choux et ajoutez l'huile, du sel, du poivre et le paprika. Mélangez bien pour répartir l'huile.

2 Disposez le tout sur une plaque allant au four recouverte de papier sulfurisé, en veillant à ce que les légumes ne se chevauchent pas. Enfournez pour 30 min.

VARIANTES ___ Cette recette peut être réalisée avec d'autres légumes. Je vous recommande aussi de tester le mélange butternut, patate douce et chou-fleur.

PETITS PAINS
express

POUR 3 PAINS / PRÉPARATION 5 MIN / CUISSON 20 MIN

130 g de farine aux céréales (ou de farine blanche)
1 pincée de sel _ ½ sachet de levure chimique
150 g de yaourt grec _ 2 c. à soupe de thym séché (facultatif)

1 Préchauffez le four à 180 °C. Dans un saladier, versez la farine, le sel et la levure puis mélangez.

2 Ajoutez le reste des ingrédients et mélangez jusqu'à obtenir une boule de pâte.

3 Séparez la pâte en trois et formez des boules. Déposez-les sur une plaque allant au four recouverte de papier sulfurisé et enfournez pour 20 min.

ASTUCE — Vous pouvez former un trou au centre du pain avant cuisson et ainsi obtenir des pains bagel.

BAGEL FRAÎCHEUR

POUR 1 PERSONNE / PRÉPARATION 5 MIN

1 pain bagel _ 2 c. à soupe de cream cheese
2 tranches de truite fumée _ ½ avocat

1 Faites toaster les parties du pain bagel puis tartinez-les de cream cheese.

2 Coupez le demi avocat en lamelles et disposez-les sur le dessus.

3 Terminez en déposant les tranches de truite fumée et refermez le pain. Il ne vous reste plus qu'à déguster !

POIREAUX VINAIGRETTE

au miel et moutarde

POUR 4 PERSONNES / PRÉPARATION 10 MIN / CUISSON 15 MIN

4 blancs de poireaux _ 3 c. à soupe d'huile d'olive
2 c. à soupe de miel _ 2 c. à soupe de moutarde
1 pincée de sel de Guérande

1 Lavez et coupez les blancs de poireaux dans la longueur.

2 Faites-les cuire 15 min dans une poêle sous couvercle avec un fond d'eau. Égouttez et laissez refroidir.

3 Préparez ensuite la vinaigrette en mélangeant énergiquement l'huile d'olive, le miel, la moutarde et le sel.

BOWL SALÉ

POUR 2 PERSONNES / PRÉPARATION 15 MIN / CUISSON 30 MIN

1 patate douce en dés _ ½ chou-fleur en fleurettes
4 c. à soupe de houmous à la betterave (recette ci-dessous)
120 g de quinoa _ 2 poignées de roquette
Quelques graines (de courge, de sésame… facultatif)

1 Préchauffez le four à 180 °C. Déposez la patate douce et le chou-fleur sur une plaque allant au four recouverte de papier sulfurisé, en veillant à ce qu'ils ne se chevauchent pas. Versez un généreux filet d'huile d'olive puis mélangez bien pour répartir. Salez et poivrez à votre convenance puis enfournez pour 30 min.

2 Pendant ce temps, faites cuire le quinoa (ou riz, pâtes, petit épeautre…) selon les indications figurant sur le paquet. Dressez en disposant le quinoa, la roquette, les légumes rôtis et en terminant par 2 c. à soupe de houmous dans chaque bol et quelques graines de votre choix.

HOUMOUS À LA BETTERAVE

POUR 4 PERSONNES / PRÉPARATION 5 MIN

150 g de betterave cuite
1 conserve de 400 g de pois chiches (265 g égouttés)
3 c. à soupe d'huile d'olive _ 3 cl d'eau froide
ou à température ambiante _ 1 c. à soupe de tahini
1 c. à café de cumin en poudre (ou en graines)
½ gousse d'ail _ Le jus de ½ citron

1 Rincez et égouttez les pois chiches.

2 Placez tous les ingrédients dans le mixeur avec du sel et du poivre puis mixez jusqu'à obtenir une texture homogène. Ajoutez un peu d'eau si la texture semble trop épaisse.

QUICHE AU SAUMON *et brocoli*

POUR 4-6 PERSONNES / PRÉPARATION 15 MIN / CUISSON 35 MIN

1 pâte brisée (voir recette p. 84)
500 g de brocoli en fleurettes _ 3 œufs _ 25 cl de crème liquide
250 g de pavés de saumon en cubes _ 50 g de gruyère râpé

1 Préchauffez le four à 180 °C. Placez la pâte brisée dans un plat à tarte puis piquez-la à l'aide d'une fourchette.

2 Faites cuire le brocoli 5 min dans une casserole d'eau bouillante.

3 Pendant ce temps, préparez l'appareil en mélangeant les œufs avec la crème, du sel et du poivre.

4 Déposez à même la pâte le saumon, les fleurettes de brocoli puis versez l'appareil par-dessus. Recouvrez de gruyère et enfournez pour 35 min.

CURRY DE LÉGUMES
et pois chiches

POUR 4 PERSONNES / PRÉPARATION 10 MIN / CUISSON 30 MIN

400 g de pois chiches en conserve (265 g égouttés)
1 oignon jaune émincé _ 3 carottes en rondelles
3 c. à café de curry en poudre _ 1 gousse d'ail pressée
400 g de pulpe de tomates
1 c. à soupe de concentré de tomates _ 15 cl d'eau
10 cl de lait de coco (ou d'onctueuse de coco)
1 c. à café de sauce chili piquante (en fonction de vos goûts)
Quelques branches de coriandre (pour le décor)

1. Dans une casserole à feu moyen, versez un généreux filet d'huile d'olive et faites revenir l'oignon 5 min.
2. Ajoutez les carottes et faites revenir 2 min de plus. Ajoutez le curry, l'ail, la pulpe de tomates, le concentré de tomates et l'eau. Couvrez et laissez cuire encore 20 min à feu moyen.
3. Terminez en ajoutant les pois chiches égouttés, le lait de coco, la sauce piquante, la coriandre, du sel et du poivre. Servez accompagné de riz, de quinoa ou de pain de maïs.

PÂTE BRISÉE
maison

POUR 1 PÂTE BRISÉE / PRÉPARATION 10 MIN

240 g de farine _ 125 g de beurre
1 pincée de sel _ 1 œuf

1. Dans un saladier (ou le bol d'un robot), versez tous les ingrédients et pétrissez jusqu'à l'obtention d'une boule de pâte homogène.
2. La pâte est déjà prête ! Il ne vous reste plus qu'à l'étaler et l'utiliser pour vos recettes sucrées comme salées.

PÂTE SABLÉE
maison

POUR 1 PÂTE SABLÉE / PRÉPARATION 10 MIN / REPOS 15 MIN

250 g de farine _ 100 g de sucre
1 œuf _ 100 g de beurre ramolli

1. Dans un saladier (ou le bol d'un robot) versez tous les ingrédients et pétrissez la pâte jusqu'à former une belle boule homogène.
2. Avant d'étaler la pâte, filmez-la puis placez-la 15 min au réfrigérateur.

RECETTES SUCRÉES

Banana Bread façon pain d'épices
Mousse au chocolat
Charlotte poire-chocolat
et plus encore...

BANANA BREAD
façon pain d'épices

POUR 6-8 PERSONNES / PRÉPARATION 10 MIN / CUISSON 35 MIN

2 bananes bien mûres _ 3 œufs _ 70 g de miel liquide
1 sachet de sucre vanillé _ 10 g de beurre fondu
180 g de farine _ 1 sachet de levure chimique
4 c. à soupe rases de mélange pour pain d'épices
(ou de poudre 4 épices)

1 Préchauffez le four à 180 °C. Dans un saladier, écrasez les bananes en purée puis ajoutez les œufs et le sucre vanillé. Ajoutez ensuite le miel et le beurre fondu puis mélangez.

2 Dans un cul de poule, mélangez la farine, la levure et le mélange d'épices. Ajoutez le mélange de poudres à la préparation liquide à l'aide d'un tamis et mélangez jusqu'à l'obtention d'une pâte lisse et homogène.

3 Versez la préparation dans un moule à cake préalablement chemisé et enfournez pour 35 min. À la sortie du four, laissez refroidir un peu avant de démouler.

TRUFFES
au chocolat

POUR 6-8 PERSONNES / PRÉPARATION 15 MIN / REPOS 4 H

200 g de chocolat _ 12 cl d'onctueuse de coco
3 c. à soupe de cacao en poudre non sucré
3 c. à soupe de kasha (graines de sarrasin grillées)

1 Faites fondre le chocolat au bain-marie ou dans une casserole sur feu doux. Retirez la casserole du feu et ajoutez l'onctueuse de coco en trois fois tout en mélangeant.

2 Versez la préparation dans un cul de poule, filmez au contact et placez au réfrigérateur 4 h minimum.

3 Sortez la préparation et laissez-la ramollir 5 min à température ambiante avant de former des petites boules.

4 Une fois formées, roulez les boules dans le cacao en poudre ou dans du kasha pour une texture croquante. Vos truffes sont prêtes, il ne vous reste plus qu'à déguster !

CONSEIL ___ Ces truffes sont parfaites pour les fêtes de fin d'année et sont une belle idée cadeau pour les amoureux de chocolat.

MADELEINES AU CITRON

et graines de pavot

POUR 12-15 MADELEINES / PRÉPARATION 15 MIN / CUISSON 8 MIN

Le zeste de 1 citron bio _ 1 c. à café de graines de pavot
60 g de sucre _ 2 œufs _ 60 g de beurre fondu
2 cl de lait (ou de boisson végétale) _ 100 g de farine
½ sachet de levure chimique

1. Préchauffez le four à 220 °C. Mélangez le sucre avec le zeste pour qu'il s'imprègne des arômes. Ajoutez les œufs et mélangez énergiquement.
2. Ajoutez le beurre, le lait, la farine et la levure tamisée, puis les graines de pavot. Mélangez jusqu'à l'obtention d'une pâte homogène.
3. Remplissez les moules de pâte aux deux tiers. Attention de ne pas trop en mettre sinon cela débordera et la bosse sur le dessus ne se formera pas.
4. Enfournez et laissez cuire 1 min à 220 °C, puis baissez à 200 °C et laissez cuire encore 7 min. À la sortie du four, attendez quelques minutes avant de démouler, puis dégustez.

CONSEIL ___ Les madeleines peuvent se conserver quelques jours dans un plat hermétique, mais elles sont toujours meilleures à la sortie du four !

ASTUCE ___ La jolie bosse sur le dessus de la madeleine se forme grâce au choc thermique. Pour cela, placez le plat quelques minutes au réfrigérateur avant de faire cuire dans le four très chaud.

MADELEINES
au matcha

POUR 12-15 MADELEINES / PRÉPARATION 15 MIN / CUISSON 8 MIN

2 c. à café de matcha en poudre _ 60 g de sucre
2 œufs _ 100 g de farine
1 c. à soupe de levure chimique _ 60 g de beurre fondu
2 cl de lait (ou de boisson végétale)

1 Préchauffez le four à 220 °C. Mélangez le sucre et les œufs énergiquement.

2 Ajoutez la farine avec la levure incorporée, puis le matcha, le beurre, le lait et mélangez jusqu'à l'obtention d'une pâte homogène.

3 Remplissez les moules de pâte aux deux tiers. Attention de ne pas trop en mettre sinon cela débordera et la bosse sur le dessus ne se formera pas.

4 Enfournez et laissez cuire 1 min à 220 °C, puis baissez à 200 °C et laissez cuire encore 7 min. À la sortie du four, attendez quelques minutes avant de démouler, puis dégustez.

CONSEIL — Les madeleines peuvent se conserver quelques jours dans un plat hermétique, mais elles sont toujours meilleures à la sortie du four !

CRÊPES *légères*

POUR 15 CRÊPES / PRÉPARATION 5 MIN
REPOS 15 MIN / CUISSON 15-30 MIN

250 g de farine _ 25 cl d'eau à température ambiante
30 cl de lait demi-écrémé ou de boisson végétale
3 œufs _ 1 bouchon d'extrait de vanille liquide

1 Mettez tous les ingrédients dans un blender et mixez 30 sec. Laissez reposer la pâte 15 min.

2 Dans une poêle chaude, à feu moyen, étalez un peu d'huile avec un pinceau et versez une louche de pâte. Faites cuire 1 à 2 min de chaque côté (en fonction de l'épaisseur de la crêpe et de la puissance du feu).

3 Dégustez les crêpes encore tièdes avec une pâte à tartiner, de la confiture, du sucre ou encore un mélange miel/citron.

ASTUCE ___ Pour varier les plaisirs, vous pouvez remplacer le bouchon de vanille liquide par une de ces options :

___ 1 bouchon de fleur d'oranger ;

___ 1 bouchon de rhum ambré ;

___ 1 bouchon de rhum ambré + le zeste de 1 citron vert ;

___ 2 c. à café de matcha en poudre.

CRÈMES DESSERT

choco-noisette

POUR 4 PETITES CRÈMES / PRÉPARATION 10 MIN / REPOS 3 H OU 1 NUIT

20 cl de crème liquide semi-épaisse _ 90 g de chocolat noir dessert en morceaux _ 2 c. à soupe de purée de noisette
Un peu de pralin (pour servir)

1 Dans une casserole, portez la crème à ébullition puis retirez-la du feu. Ajoutez le chocolat et mélangez jusqu'à l'obtention d'une préparation lisse. Ajoutez la purée de noisette et mélangez de nouveau.

2 Versez le mélange dans des ramequins puis laissez refroidir un peu avant de placer au réfrigérateur au moins 3 h, ou une nuit idéalement.

3 Saupoudrez de pralin juste avant de déguster.

CRÈMES DESSERT

chocolat et noix de coco

POUR 4 PETITES CRÈMES / PRÉPARATION 10 MIN / REPOS 3 H OU 1 NUIT

90 g de chocolat noir dessert en morceaux
20 cl d'onctueuse de coco
2 c. à soupe de noix de coco râpée (pour servir)

1 Dans une casserole, portez l'onctueuse de coco à ébullition puis retirez-la du feu. Ajoutez le chocolat puis mélangez jusqu'à l'obtention d'une préparation lisse.

2 Versez le mélange dans des ramequins et laissez refroidir un peu avant de placer au réfrigérateur au moins 3 h, ou une nuit idéalement.

3 Saupoudrez de noix de coco râpée juste avant de déguster.

CAKE
pomme-amande

POUR 6-8 PERSONNES / PRÉPARATION 15 MIN / CUISSON 30 MIN

3 œufs _ 1 pot de yaourt (on réutilise le pot vide pour les autres ingrédients) _ 1 pot de poudre d'amande
2 pots de farine _ 1 pot de sucre en poudre
1 bouchon de vanille liquide _ 3 pommes Golden
1 pot d'huile d'olive _ 1 sachet de levure chimique

1. Préchauffez le four à 180 °C. Dans un cul de poule, ajoutez les ingrédients liquides, les œufs et la poudre d'amande puis mélangez. Dans un bol, incorporez la levure à la farine et versez petit à petit ce mélange dans la préparation liquide puis mélangez.
2. Lavez, épluchez et coupez les pommes en dés puis ajoutez-les à la pâte. Mélangez à l'aide d'une cuillère à soupe.
3. Versez l'appareil dans un moule à cake chemisé et enfournez pour 30 min. À la sortie du four, attendez un peu que le cake refroidisse avant de démouler.

CONSEIL — Dégustez le cake tiède, saupoudré d'un peu de sucre glace ou encore accompagné de fromage blanc.

CRUMBLE
pomme, poire et cannelle

POUR 6-8 PERSONNES / PRÉPARATION 15 MIN / CUISSON 30-35 MIN

3 poires Conférence _ 2 pommes Golden
1 c. à soupe de cannelle en poudre _ 160 g de farine
100 g de beurre mou (pas fondu)
100 g de sucre de canne en poudre

1. Préchauffez le four à 180 °C. Lavez, épluchez et coupez en morceau les fruits puis disposez-les dans le fond d'un plat allant au four. Saupoudrez les fruits de cannelle et mélangez.
2. Dans un saladier, formez le crumble à l'aide de vos doigts en mélangeant le beurre mou, la farine et le sucre.
3. Déposez le crumble sur les fruits et enfournez pour 30 à 35 min. À la sortie du four, laissez tiédir puis dégustez avec une belle boule de glace à la vanille ou encore de la crème montée.

LES FRUITS *de saison*

Printemps

Abricot
Cerise
Citron
Fraise
Groseille
Pamplemousse
Pastèque
Rhubarbe

Été

Abricot _ Brugnon
Cassis _ Cerise
Figue _ Fraise
Framboise _ Melon
Mûre _ Myrtille
Nectarine - Pastèque
Pêche _ Prune
Raisin _ Tomate

Automne

Châtaigne _ Citron
Clémentine _ Coing
Figue _ Kiwi
Orange
Pamplemousse
Poire
Pomme
Raisin

Hiver

Citron
Clémentine
Kiwi
Orange
Pamplemousse
Poire
Pomme

TIRAMISU

POUR 6-8 PERSONNES / PRÉPARATION 20 MIN / REPOS 1 NUIT

350 g de mascarpone _ Une vingtaine de biscuits à la cuillère
4 œufs _ 50 g de sucre en poudre _ 250 ml de café fort
Un peu de cacao en poudre non sucré

1 Séparez les blancs des jaunes d'œufs. Ajoutez le sucre aux jaunes et fouettez jusqu'à ce que le mélange blanchisse (environ 2 à 3 min). Ajoutez le mascarpone et fouettez de nouveau afin d'obtenir un mélange lisse et homogène.

2 Montez les blancs en neige, il faut qu'ils soient très fermes. Incorporez-les délicatement (comme pour une mousse au chocolat) au mélange précédent.

3 Trempez rapidement les biscuits un à un dans le café et disposez-les dans le fond d'un plat. Recouvrez avec la moitié de la préparation.

4 Répétez l'étape précédente avec une seconde couche de biscuit et le reste de la préparation.

5 Placez le plat au réfrigérateur. Au moment de servir, saupoudrez de cacao en poudre.

ASTUCE — Utilisez une boule à thé pour saupoudrer le cacao.

BOISSON VÉGÉTALE
à l'amande

POUR 50 CL / PRÉPARATION 5 MIN / REPOS 1 NUIT

100 g d'amandes décortiquées _ 50 cl d'eau froide
15 g de sirop d'agave _ 1 bouchon d'extrait de vanille liquide

1 Dans un saladier, versez les amandes et remplissez d'eau à hauteur. Placez le saladier au réfrigérateur toute la nuit.

2 Le lendemain, rincez les amandes à l'eau claire et mettez-les dans un blender avec l'eau froide, le sirop d'agave et l'extrait de vanille puis mixez le tout 1 min.

3 Filtrez ensuite à l'aide d'un filtre à boisson végétale, d'une étamine ou même d'une passoire très fine. Versez la boisson dans une bouteille stérilisée et hermétique. Secouez avant de déguster.

BOISSON VÉGÉTALE
à l'avoine

POUR 50 CL / PRÉPARATION 5 MIN

100 g de flocons d'avoine _ 50 cl d'eau très froide _ 15 g de sirop d'agave

1 Dans un blender, mettez tous les ingrédients puis mixez le tout 1 à 2 min.

2 Filtrez ensuite à l'aide d'un filtre à boisson végétale, d'une étamine ou même d'une passoire très fine. Versez la boisson dans une bouteille stérilisée et hermétique. Secouez avant de déguster.

CONSEIL ___ Privilégiez les petites quantités et renouvelez la confection au fil de la semaine car la boisson végétale se conserve seulement 3 jours au réfrigérateur.

ASTUCE ___ Pour 1 l de boisson végétale, doublez simplement les quantités.

TOAST
à la purée de cacahuète

POUR 1 TOAST / PRÉPARATION 5 MIN

1 généreuse c. à soupe de purée de cacahuète (voir recette p. 136)
(ou de purée d'amande complète)
½ banane en rondelles _ 1 noisette de beurre
1 tranche de pain (ou de brioche)
1 pincée de cannelle en poudre

1. Faites dorer la banane dans une poêle avec le beurre puis réservez.
2. Faites griller le pain puis étalez dessus la purée de cacahuète. Déposez les rondelles de banane et saupoudrez de cannelle. C'est déjà prêt, il ne vous reste plus qu'à vous régaler.

COMPOTE
pomme-cannelle

POUR 500 G DE COMPOTE / PRÉPARATION 10 MIN / CUISSON 10 MIN

3 pommes Golden pelées et en morceaux (1 x 1 cm)
2 c. à café de cannelle en poudre _ 3 cl d'eau

1 Dans une casserole, versez les morceaux de pommes, l'eau et la cannelle puis faites cuire à couvert pendant 10 min.

2 Retirez du feu puis écrasez à l'aide d'une fourchette ou d'un presse-purée. Pour obtenir une texture lisse, vous pouvez mixer la préparation avant de la placer dans des ramequins. La compote se conserve quelques jours au réfrigérateur.

PAVLOVAS

aux agrumes

POUR 8-10 MERINGUES / PRÉPARATION 35 MIN / CUISSON 1 H

Pour les meringues 150 g de sucre _ 100 g de sucre glace
4 blancs d'œufs _ 1 pincée de sel
Pour la crème 150 g de crème liquide (30 % de mat. gras.)
100 g de mascarpone _ Le jus de ½ citron
Le zeste de 1 citron
Pour le décor 1 orange sanguine (ou 1 pamplemousse rose)
Quelques feuilles de menthe fraîche

1 Préchauffez le four à 100 °C et préparez les meringues : dans un saladier, mélangez les sucres.

2 Dans un autre saladier, montez les blancs en neige ferme avec le sel. Continuez de battre en ajoutant les sucres en trois fois pour obtenir une jolie meringue. Un « bec » doit se former lorsque vous retirez le fouet.

3 Déposez du papier sulfurisé sur une plaque allant au four. À l'aide d'une poche à douille (ou d'une cuillère à soupe), formez des petits nids de meringue. Avec le surplus, formez des petites meringues. Enfournez pour 1 h puis laissez-les dans le four éteint et fermé encore 1 h avant de les sortir.

4 Avant de servir, préparez la crème : battez la crème avec le mascarpone jusqu'à l'obtention d'une texture ferme. Ajoutez le jus de citron et le zeste puis mélangez à nouveau.

5 Déposez la crème dans le creux des meringues puis recouvrez d'orange sanguine et de menthe fraîche.

GRANOLA
choco-noisette

POUR 1 PERSONNE / PRÉPARATION 5 MIN
CUISSON 25 MIN / REPOS 30 MIN

100 g de compote au choix
3 c. à soupe de sirop d'agave _ 25 g de purée de cacahuète
(ou autre purée d'oléagineux, voir recette p. 136)
1 c. à soupe de cacao en poudre _ 250 g de flocons d'avoine
100 g de noisettes coupées en deux
125 g de pépites de chocolat noir

1. Préchauffez le four à 160 °C. Dans un saladier, mélangez la compote avec le sirop d'agave, la purée de cacahuète et le cacao. Ajoutez les flocons d'avoine et les noisettes, puis mélangez à nouveau.
2. Sur une plaque allant au four recouverte de papier sulfurisé, disposez la préparation de façon homogène et pressez la surface avec une cuillère. Enfournez pour 25 min.
3. À la sortie du four, laissez reposer 30 min avant de casser la préparation pour former des morceaux. Ajoutez les pépites de chocolat, mélangez et conservez le granola dans un pot hermétique.

ASTUCE ___ Vous pouvez remplacer la compote par 100 g de banane écrasée en purée.

GRANOLA GOURMAND

aux graines

POUR 1 PERSONNE / PRÉPARATION 5 MIN / CUISSON 25 MIN

250 g de flocons d'avoine _ 6 c. à soupe de sirop d'érable
25 g de purée de noisette _ 20 g d'huile de coco fondue
50 g d'amandes émondées _ 50 g de graines de courge
60 g de noix de pécan _ 60 g de cranberries

1. Préchauffez le four à 160 °C. Dans un saladier, mélangez les flocons d'avoine avec le sirop d'érable, la purée de noisette et l'huile de coco.
2. Étalez la préparation sur une plaque allant au four recouverte de papier sulfurisé, et enfournez pour 25 min.
3. À la sortie du four, laissez refroidir avant de casser la préparation pour former des morceaux. Ajoutez-y tous les autres ingrédients, mélangez et conservez le granola dans un pot hermétique.

Où trouver de la jolie
VAISSELLE VINTAGE ?

Ce n'est plus un secret pour personne : j'adore la vaisselle vintage ! Je trouve qu'elle a le don d'égailler la tablée, de créer une atmosphère conviviale et de sublimer les mets. Je ne saurais dire si cette passion est née des nombreux week-ends passés sur les brocantes avec ma mère lorsque j'étais enfant, ou des souvenirs de parts de tarte aux quetsches, tarte aux pommes et clafouti aux cerises servies dans la sublime vaisselle de ma grand-mère. Les motifs floraux et traces d'usure – signes de vies passées – ont un charme et une authenticité sans pareil. Alors laissez-moi vous livrer tous mes conseils pour chiner de la vaisselle vintage en direct ou depuis votre canapé.

LES BROCANTES

Il n'y a pas mieux que les brocantes pour faire les meilleures affaires. Vous pouvez voir, toucher et négocier les pièces en direct. Pour trouver les brocantes autour de chez vous en France, je vous recommande les sites brocabrac.fr ou encore vide-greniers.org. Il suffit d'indiquer votre code postal dans la barre de recherche et vous obtiendrez une liste complète des brocantes autour de chez vous ainsi que les dates auxquelles elles ont lieu.

EN BOUTIQUE

Partout en France, vous trouverez des boutiques Emmaüs et des ressourceries. Celles-ci regorgent de vaisselle à petits prix et les arrivages y sont réguliers. Ayant vécu plusieurs années à Paris, j'ai, au fil de mes balades, découvert de jolies adresses que voici :

MAISON DE VACANCES

4 rue de Cléry,
Paris XXe arrondissement

BLANCHE PATINE

29 rue des Vinaigriers,
Paris XXe arrondissement
(sur rendez-vous
ou en ligne sur
www.blanchepatine.com)

VAISSELLE VINTAGE

5 Quai de la Tournelle,
Paris V^{e} arrondissement

LES STANDS AUX PUCES DE SAINT-OUEN

Rue des Rosiers,
Saint-Ouen-sur-Seine

EN LIGNE

Pour chiner depuis votre canapé, je vous recommande les sites comme Selency, leboncoin ou Vinted qui, avec les bons filtres de recherche, peuvent vous proposer des pépites. Sur ces sites, il y a beaucoup de brocanteurs professionnels mais aussi des particuliers. Avant un quelconque achat, et pour éviter les mauvaises surprises, vérifiez toujours les avis laissés sur les profils des vendeurs et n'hésitez pas à poser des questions sur le(s) produit(s) si vous en avez.

POUR VOUS AIDER DANS VOS RECHERCHES,
VOICI DES IDÉES DE PIÈCES À CHINER
POUR DE JOLIES TABLÉES :

Assiettes à dessert
Assiettes creuses
Assiettes plates
Assiettes sur pied / plat sur pied / piédouche
Bougeoir
Broc
Chandelier
Compotier
Coquetiers
Couverts en argent
Cuillère à sucre
Moutardier
Pelle à tarte
Pichet
Pince à sucre
Plat à œufs
Plut ovale
Porte-couteaux
Ravier
Saladier
Seau à rafraîchir
Soupière
Serviteur (à gâteaux)
Soliflore
Tasses et soucoupes
Verres à jambe

RETROUVEZ LES NOMS
DES FAÏENCERIES INSCRITS
AU DOS DES PIÈCES.
VOICI MES FAVORITES :

Badonvilliers
Boulenger et Cie
Choisy-le-Roi
Creil et Montereau
Gien
Limoges
Longwy
Moulin des Loups
Saint-Amand-les-Eaux
Salins
Sarreguemines
Terre de fer

MOUSSE AU CHOCOLAT *et noisettes*

POUR 4-6 PERSONNES / PRÉPARATION 10 MIN
CUISSON 10 MIN / REPOS 3 H À 1 NUIT

200 g de chocolat noir dessert en morceaux
1 poignée de noisettes coupées en deux _ 6 œufs
1 pincée de sel _ 1 c. à soupe de purée de noisette

1. Faites fondre le chocolat au bain-marie ou au micro-ondes.
2. Séparez les blancs des jaunes d'œufs. Dans le saladier avec les blancs, ajoutez le sel puis montez-les en neige bien ferme.
3. Laissez tiédir le chocolat 2 min puis ajoutez-y les jaunes d'œufs ainsi que la purée de noisette.
4. Petit à petit, incorporez les blancs en neige à la préparation en mélangeant délicatement à l'aide d'une cuillère en bois pour obtenir une mousse aérienne.
5. Versez dans un plat ou des ramequins et placez le tout au réfrigérateur au moins 3 h, ou une nuit idéalement.
6. Le lendemain, disposez les noisettes sur une plaque allant au four recouverte de papier sulfurisé, et faites-les torréfier 10 min à 180 °C. Laissez refroidir avant de les monder : retirez la fine pellicule amère qui les enrobe, simplement en frottant les noisettes avec les mains.
7. Sortez la mousse du réfrigérateur et disposez les noisettes dessus.

CONSEIL ___ Vous pouvez réduire les quantités de moitié si vous voulez faire cette recette pour 2 personnes ou bien doubler les quantités si vous recevez du monde, pour une crémaillère, par exemple.

MOUSSE AU CHOCOLAT

et à l'orange bio

POUR 4-6 PERSONNES / PRÉPARATION 10-15 MIN
CUISSON 5 MIN / REPOS 1 NUIT

1 tablette (200 à 205 g) de chocolat noir dessert
Le zeste de 1 orange _ Le jus de ½ orange
6 œufs _ 1 sachet de sucre vanillé
1 pincée de sel

1. Faites fondre le chocolat au bain-marie ou au micro-ondes.
2. Séparez les blancs des jaunes d'œufs. Dans le saladier avec les blancs, ajoutez le sel puis montez-les en neige ferme.
3. Dans un autre saladier, blanchissez les jaunes avec le sucre vanillé. Ajoutez le zeste, le jus d'orange et le chocolat fondu tiède et mélangez à nouveau.
4. Petit à petit, incorporez les blancs en neige à la préparation en mélangeant délicatement à l'aide d'une cuillère en bois pour obtenir une mousse aérienne.
5. Versez dans un plat ou des ramequins et placez le tout au réfrigérateur toute la nuit.

CONSEIL ___ Variez les plaisirs en servant la mousse dans des coupelles individuelles ou encore dans des cuillères, pour un apéro dinatoire par exemple.

MOUSSE AU CHOCOLAT
à l'huile d'olive et fleur de sel

POUR 4-6 PERSONNES / PRÉPARATION 10 MIN / CUISSON 10 MIN
REPOS 3 H À 1 NUIT

200 g de chocolat noir dessert en morceaux
6 œufs _ 30 ml d'huile d'olive
Quelques pincées de fleur de sel

1 Faites fondre le chocolat au bain-marie. Pendant ce temps, séparez les blancs des jaunes d'œufs. Dans un saladier contenant les blancs, ajoutez une pincée de fleur de sel et montez-les en neige bien ferme.

2 Laissez tiédir le chocolat 2 min puis ajoutez-y les jaunes d'œufs ainsi que l'huile d'olive. Petit à petit, incorporez les blancs en neige à la préparation en mélangeant délicatement à l'aide d'une cuillère en bois pour obtenir une mousse aérienne.

3 Versez dans un plat ou des ramequins. Placez le tout au réfrigérateur au moins pendant 3 h ou toute une nuit idéalement.

4 Au moment de déguster, sur chaque portion, déposez une pincée de fleur de sel ainsi qu'un léger filet d'huile d'olive.

PÂTE À TARTINER MAISON
choco-noisette

POUR 1 BOCAL DE PÂTE À TARTINER / PRÉPARATION 5 MIN
CUISSON 5 MIN

200 g de purée 100 % noisette
20 g d'huile de noisette (ou huile neutre en goût)
100 g de chocolat

1 Faites fondre le chocolat au bain-marie. Retirez du feu et ajoutez l'huile.

2 Dans un bocal, versez la purée de noisettes et le chocolat avec l'huile. Mélangez, c'est déjà prêt !

ASTUCE — En fin de recette, ajoutez des morceaux de noisettes torréfiées, du pralin ou des morceaux de crêpes dentelle pour une pâte à tartiner *crunchy*.

NOTE — La pâte à tartiner se conserve environ 2 semaines dans un bocal hermétique.

PÂTE À TARTINER MAISON

spéculoos

POUR 300 G DE PÂTE À TARTINER / PRÉPARATION 10-15 MIN

250 g de biscuits spéculoos
15 cl de lait concentré non sucré

1. Mettez tous les ingrédients dans un blender puis mixez jusqu'à obtenir une pâte lisse et homogène.
2. Versez la pâte dans un pot stérilisé et hermétique. Conservez-la quelques jours au réfrigérateur.

PURÉE DE CACAHUÈTE

peanut butter

POUR 300 G DE PURÉE / PRÉPARATION 5 MIN

300 g de cacahuètes grillées non salées
1 pincée de sel

1. Mettez tous les ingrédients dans un mixeur et mixez jusqu'à l'obtention d'une purée lisse. Faites des pauses si le mixeur surchauffe.
2. Versez la purée dans un bocal stérilisé et hermétique puis conservez-la au réfrigérateur. Utilisez-la comme ingrédient ou garniture pour vos tartines, gâteaux, vinaigrettes...

ASTUCES — En fin de recette, ajoutez des morceaux de cacahuètes pour une purée *crunchy*. Vous pouvez aussi ajouter 1 c. à soupe de cacao en poudre non sucré juste avant de mixer le tout pour aromatiser au chocolat. Pour les plus gourmands, vous pouvez faire les deux !

PANCAKES
moelleux

POUR 8 PANCAKES / PRÉPARATION 5 MIN
CUISSON 10-15 MIN / REPOS 5 MIN

½ sachet de levure chimique _ 1 pincée de sel
125 g de farine _ 1 œuf
1 sachet de sucre vanillé _ 15 cl de lait
15 g de beurre fondu (+ un peu pour la cuisson)

1. Faites chauffer une poêle. Dans un petit bol, incorporez la levure et le sel à la farine.

2. Dans un cul de poule, battez l'œuf avec le sucre vanillé puis ajoutez le lait. Ajoutez les poudres et le beurre puis mélangez à nouveau jusqu'à l'obtention d'une pâte lisse et sans grumeaux.

3. Laissez reposer 5 min et formez vos pancakes dans la poêle préalablement graissée avec du beurre. Laissez cuire 1 à 2 min de chaque côté.

PANCAKES
à la banane

POUR 10 PANCAKES / PRÉPARATION 5 MIN
CUISSON 10-20 MIN / REPOS 5 MIN

2 bananes _ 2 œufs _ 100 g de farine
½ sachet de levure chimique

1 Dans un saladier, écrasez les bananes complètement jusqu'à l'obtention d'une purée. Ajoutez les œufs puis mélangez. Versez la farine et la levure puis mélangez à nouveau.

2 Laissez reposer 5 min, formez vos pancakes dans une poêle préalablement graissée avec du beurre ou de l'huile, et faites cuire 1 à 2 min de chaque côté.

ASTUCE ___ Ajoutez des pépites de chocolat à votre préparation avant cuisson pour encore plus de gourmandise.

TARTE AUX POMMES
de ma grand-mère

POUR 6-8 PERSONNES / PRÉPARATION 15 MIN / CUISSON 30 MIN

2 kg de pommes Gala _ 250 g de farine
100 ml d'huile de tournesol _ 100 ml d'eau tiède
½ sachet de levure chimique (5 g) _ 1 pincée de sel
Un peu de sucre de canne et d'eau

1. Préchauffez le four à 210 °C. Lavez et épluchez les pommes. Coupez la première moitié des pommes en cubes pour en faire une compote. Placez les morceaux dans une casserole avec un peu d'eau, couvrez et faites cuire une dizaine de minutes.
2. Pendant ce temps, coupez la seconde moitié des pommes en lamelles et réservez de côté.
3. Formez la pâte à l'aide d'un bol à couvercle : déposez dans le bol la farine, la levure, l'eau tiède, l'huile et refermez avec le couvercle. Secouez jusqu'à obtenir une boule de pâte.
4. À l'aide d'un rouleau, étalez la pâte, placez-la dans un plat à tarte et piquez le fond à l'aide d'une fourchette. Déposez la compote de façon uniforme puis les lamelles de pommes.
5. Saupoudrez d'un peu de sucre et de quelques cuillères d'eau. Enfournez pour 25 à 30 min. À la sortie du four, laissez tiédir avant de déguster.

AVIS AUX BOUCHES SUCRÉES — La pâte est ici réalisée sans sucre, vous pouvez en ajouter à la préparation si vous le souhaitez.

CAKE AU CITRON
et graines de pavot

POUR 8 PERSONNES / PRÉPARATION 10 MIN / CUISSON 35 MIN

Le jus et le zeste de 1 gros citron bio (ou 2 petits)
1 c. à soupe rase de graines de pavot
100 g de beurre demi-sel _ 70 g de beurre doux
130 g de sucre de canne _ 3 œufs
200 g de farine _ ½ sachet de levure chimique

1. Préchauffez le four à 180 °C. Dans une casserole, faites fondre les beurres ensemble, à feu doux, puis réservez.
2. Dans un cul de poule, mélangez le sucre avec les œufs. Ajoutez la farine, la levure et mélangez.
3. Versez le beurre fondu, le jus et le zeste de citron, les graines de pavot puis mélangez à nouveau.
4. Dans un moule à cake chemisé ou recouvert de papier sulfurisé, versez la pâte et enfournez pour 35 min. Après cuisson, conservez le cake dans un linge propre pour garder le moelleux.

ROSES
de pommes

POUR 6 FEUILLETÉS / PRÉPARATION 15 MIN / CUISSON 32 MIN

2 pommes pelées et en demi-rondelles (2 mm d'épaisseur maximum)
1 pâte feuilletée _ Le jus de ½ citron
Pour la crème d'amande
40 g d'amandes en poudre _ 40 g de beurre ramolli
40 g de sucre _ 1 œuf

1 Faites bouillir une casserole d'eau et versez-y les pommes et le jus de citron. Laissez cuire 2 min.

2 Retirez du feu, égouttez les pommes puis placez-les sur un linge propre pour absorber l'excédent d'eau.

3 Préparez la crème d'amande : mélangez les amandes en poudre, le beurre, le sucre et l'œuf jusqu'à l'obtention d'une préparation lisse et homogène.

4 Préchauffez le four à 180 °C. Coupez la pâte en 6 bandes puis étalez la préparation précédente dessus. Déposez les demi-rondelles de pommes en commençant par le haut de chacune des bandes, en les faisant se chevaucher et dépasser légèrement.

5 Une fois recouvertes de pommes, pliez les bandes sur elles-mêmes dans le sens de la longueur puis roulez-les sur elles-mêmes. Déposez les roses dans un moule à muffins et enfournez pour 30 min.

GÂTEAU
au yaourt

POUR 6-8 PERSONNES / PRÉPARATION 15 MIN / CUISSON 30 MIN

1 pot de yaourt (on réutilise le pot vide pour les autres ingrédients)
3 œufs _ 1 bouchon d'extrait de vanille liquide
(ou 1 sachet de sucre vanillé)
1 pot de sucre _ 1 pot d'huile d'olive
2,5 pots de farine _ 1 sachet de levure chimique

1. Préchauffez le four à 190 °C. Dans un saladier, videz le pot de yaourt, ajoutez les œufs, l'extrait de vanille, le sucre et l'huile puis mélangez le tout. Ajoutez la farine puis la levure et mélangez à nouveau.
2. Déposez la préparation dans un moule à gâteau chemisé ou recouvert de papier sulfurisé et enfournez pour 30 min. À la sortie du four, attendez quelques minutes avant de démouler puis dégustez.

CONSEIL ___ Rendez-vous en page 150 pour découvrir comment *pimper* cette recette simple pour en faire un gâteau effet « waouh ».

Un gâteau EFFET WAOUH

Parce qu'on dit souvent que les choses les plus simples sont les meilleures – et que j'ai toujours chez moi de quoi faire un gâteau au yaourt « au cas où » –, j'ai souhaité vous partager mes différentes astuces pour varier les plaisirs et passer d'un gâteau tout simple à un gâteau « waouh » ! Cette pâtisserie vous sauvera lors des petits déjeuners et goûters organisés à l'improviste, ou à l'arrivée d'invités de dernière minute !

LA RECETTE

La base de la recette est à retrouver en page 148.

VARIANTES ___ Voici quelques idées que j'adore réaliser avec cette recette de gâteau toute simple :

- ___ Ajouter des morceaux de pommes (2 ou 3 pommes Golden) et de la poudre d'amandes ;
- ___ Ajouter des morceaux de poires (2 ou 3) et un glaçage chocolat-noisette ;
- ___ Ajouter de la fleur d'oranger et des pistaches en poudre avec un glaçage au sucre et des pistaches concassées.

LE MOULE

Troquez votre moule rond classique pour un moule plus original. Croyez-moi, c'est un petit changement qui fera une grande différence visuellement. Il en existe de toutes sortes, mais j'ai une petite préférence pour les moules à kouglof qui ont un côté géométrique et hypnotisant à la fois : ils apportent un côté structuré au gâteau et un effet surprenant de par les volumes qu'ils créent.

LES FRUITS

À adapter en fonction des saisons et de vos goûts, les fruits sont un très bon moyen de *pimper* vos gâteaux car ils apportent du sucre et du moelleux. C'est aussi une façon astucieuse d'utiliser des fruits qui commencent à être un peu trop mûrs.

Pour un gâteau, comptez 2 à 3 portions de fruits (1 portion = 1 poignée) pour les fruits rouges et 2 à 3 fruits entiers pour les autres.

LES ARÔMES

Ils sont parfaits pour ajouter un petit goût au gâteau, tout en subtilité. Je vous recommande l'extrait de vanille liquide, la fleur d'oranger ou encore l'amande, mais il en existe bien d'autres. Là encore, c'est une question de goûts, laissez libre cours à vos envies.

Comptez 1 bouchon d'arôme pour tout le gâteau.

LES POUDRES

Elles sont un bon moyen de varier les plaisirs et peuvent être associées à des fruits pour une texture encore plus moelleuse. Amandes, noisettes, pistaches, cacao... C'est vous qui choisissez !

Pour la quantité, remplacez 1 pot de farine par 1 pot de poudre.

LES GLAÇAGES

Un glaçage bien fait et bien réparti donne un petit effet en plus dès la première bouchée. Et, vous allez voir, il n'y a rien de bien compliqué dans sa réalisation ! En tant qu'amoureuse inconditionnelle du chocolat, je ne peux que vous recommander celui que je réalise très souvent : le glaçage chocolat-noisette, hyper fondant et croquant à la fois.

LA DÉCO

Parce qu'on dit souvent que l'on mange d'abord avec les yeux, vous ne devez pas sous-estimer le pouvoir de la déco. Celle-ci donne encore plus de caractère au gâteau et vous permet aussi de vous adapter à un thème particulier.

Voici quelques idées pour transformer vos gâteaux :

Les fruits
Les fleurs comestibles (fraîches ou séchées)
Les paillettes comestibles
La feuille d'or comestible
Les décorations en sucre
Les bougies
Les branches de romarin et des graines de grenade (pour Noël, par exemple)
Le colorant alimentaire

LE GLAÇAGE AU SUCRE

100 g de sucre glace
6 c. à soupe d'eau tiède
1 c. à soupe d'arôme de votre choix

Mélangez le sucre avec l'eau tiède et l'arôme.

Versez ce mélange sur le gâteau.

LE GLAÇAGE CHOCOLAT-NOISETTE

200 g de chocolat noir dessert
1 poignée de noisettes torréfiées (voir p. 126) et concassées
20 g d'huile de coco

Faites fondre le chocolat, et l'huile de coco au bain-marie. Retirez du feu et ajoutez les noisettes.

Il ne vous reste plus qu'à répartir ce glaçage sur tout le dessus du gâteau et à vous régaler ensuite.

ASTUCE — Le chocolat au lait et le chocolat blanc fonctionnent tout aussi bien !

GALETTE DES ROIS

POUR 6-8 PARTS / PRÉPARATION 10 MIN / CUISSON 30 MIN

2 pâtes feuilletées _ 1 œuf (pour la dorure) _ 1 fève
Pour la crème d'amande 100 g d'amandes en poudre
100 g de sucre _ 2 œufs _ 100 g de beurre doux ramolli

1 Préchauffez le four à 180 °C et sortez le beurre du réfrigérateur.

2 Préparez la crème d'amande : dans un cul de poule, mettez les amandes en poudre, le sucre, les œufs et le beurre puis mélangez jusqu'à l'obtention d'une texture homogène.

3 Piquez 1 pâte feuilletée à l'aide d'une fourchette. Déposez-y la crème d'amande en formant un cercle et en veillant à laisser 3 cm de bord. Placez la fève.

4 Déposez la seconde pâte par-dessus. Faites se joindre les 2 pâtes en pliant les bords ou en les collant avec un peu d'eau. Avec la pointe d'un couteau, piquez le centre puis créez les dessins de votre choix.

5 À l'aide d'un pinceau, dorez le dessus de la galette avec l'œuf battu. Enfournez pour 30 min.

VARIANTES ___ Variez les plaisirs en ajoutant à la crème d'amande des morceaux de poires, du chocolat ou encore des pommes et de la cannelle (pour cette recette, ajoutez 2 pommes golden et 2 c. à café de cannelle dans la crème d'amande).

PANNA COTTA À LA CRÈME *de marron*

POUR 8 PERSONNES / PRÉPARATION 10 MIN / REPOS 1 NUIT

50 cl de crème liquide entière
60 g de sucre en poudre _ 2 g d'agar-agar
4 c. à soupe de crème de marron (80 g environ)
Quelques châtaignes en morceaux (facultatif)

1 Dans une casserole, versez la crème, l'agar-agar, le sucre puis mélangez. Portez à ébullition tout en veillant à bien remuer. Baissez ensuite le feu et laissez cuire 2 min supplémentaires tout en continuant de remuer.

2 Retirez la casserole du feu et versez la préparation dans des ramequins. Laissez refroidir à température ambiante puis placez au réfrigérateur toute la nuit.

3 Le lendemain, sortez les ramequins juste avant de déguster. Déposez sur le dessus une cuillerée de crème de marron ainsi que quelques morceaux de châtaignes.

BABKA
choco-noisette

POUR 8-10 PARTS / PRÉPARATION 30 MIN
CUISSON 25 MIN / REPOS 1 NUIT ET 2 H 30

À préparer la veille pour le lendemain

1 pot de pâte à tartiner au chocolat-noisette (environ 180 à 200 g)
4 g de levure sèche _ 5 cl d'eau tiède _ 260 g de farine blanche
80 g de sucre _ 2 œufs (+ 1 jaune pour la dorure) _ 80 g de beurre
doux ramolli _ Quelques carrés de chocolat (facultatif)

1 Préchauffez le four à 180 °C. Réhydratez la levure en la mélangeant dans un petit bol avec l'eau tiède puis laissez reposer 5 min et mélangez à nouveau.

2 Dans le bol d'un robot, ajoutez la farine, la levure délayée et le sucre puis mélangez à vitesse lente pendant 2 min.

3 Ajoutez les œufs et le beurre puis pétrissez 3 à 4 min à vitesse moyenne jusqu'à ce que le beurre soit complètement incorporé et que la pâte soit lisse et homogène.

4 Éteignez le four puis placez un linge propre sur le bol contenant la pâte. Placez-le dans le four éteint pendant 1 h 30.

5 Une fois le temps écoulé, dégazez la pâte à la main. Filmez le bol et placez au réfrigérateur toute la nuit. Le lendemain, dégazez de nouveau la pâte puis étalez-la sur un plan de travail en formant un rectangle.

6 Recouvrez de pâte à tartiner puis roulez le tout pour former un boudin. Coupez-le en deux dans le sens de la longueur. Rassemblez l'extrémité du haut des boudins puis torsadez la pâte.

7 Placez la pâte dans un moule à cake chemisé, couvrez d'un linge propre et laissez reposer encore 1 h à température ambiante.

8 Préchauffez le four à 180 °C. Si vous le désirez, insérez quelques carrés de chocolat dans la brioche par le haut. À l'aide d'un pinceau, dorez le dessus de la brioche avec le jaune d'un œuf battu. Enfournez pour 25 min. Après cuisson, conservez la brioche dans un linge propre pour garder le moelleux.

TARTE
croisillons

POUR 6-8 PERSONNES / PRÉPARATION 20 MIN / CUISSON 40 MIN

3 pommes Golden pelées et en cubes (1 x 1 cm)
Un peu de beurre _ 2 c. à café de cannelle en poudre
2 pâtes brisées _ 70 g d'amandes en poudre
400 g de compote de pomme _ 1 œuf (pour la dorure)
2 c. à soupe de sucre de canne

1. Préchauffez le four à 180 °C. Faites revenir les pommes dans une poêle avec le beurre et la cannelle.
2. Mettez la première pâte dans un plat à tarte puis piquez le fond à l'aide d'une fourchette.
3. Déposez la couche d'amandes en poudre (c'est ce qui va permettre d'absorber l'excédent de jus des pommes) puis la couche de compote. Terminez avec les morceaux de pommes.
4. Recouvrez avec la seconde pâte en faisant des croisillons. Badigeonnez d'œuf battu à l'aide d'un pinceau. Saupoudrez de sucre de canne puis enfournez pour 40 min.

CONSEIL ___ Dégustez cette tarte tiède avec de la crème ou encore une boule de glace à la vanille.

COULANT
au chocolat

POUR 2 PERSONNES / PRÉPARATION 5 MIN / CUISSON 6-7 MIN

50 g de chocolat dessert + 2 carrés
25 g de beurre _ 1 œuf
1 sachet de sucre vanillé _ 2 c. à café de farine

1. Préchauffez le four à 180 °C. Faites fondre le chocolat au bain-marie ou au micro-ondes avec le beurre.
2. Dans un bol, mélangez l'œuf avec le sucre vanillé. Ajoutez le chocolat et le beurre fondus puis terminez par la farine.
3. Mélangez et répartissez la préparation dans des ramequins. Placez un carré de chocolat au centre de la pâte dans chaque ramequin et enfournez pour 6 à 7 min.
4. À la sortie du four, attendez quelques secondes avant de démouler puis dégustez avec une boule de glace à la vanille, de la crème anglaise ou de la chantilly.

MOELLEUX
aux épices

POUR 6-8 PERSONNES / PRÉPARATION 10 MIN / CUISSON 30 MIN

3 c. à soupe de mélange pour pain d'épices
1 pot de yaourt (on réutilise le pot vide pour les autres ingrédients)
3 œufs _ 1 pot de sucre
1 pot d'huile d'olive _ 2,5 pots de farine
1 sachet de levure chimique

1. Préchauffez le four à 190 °C. Dans un saladier, videz le pot de yaourt, ajoutez les œufs, le sucre et l'huile puis mélangez le tout. Ajoutez la farine, la levure et les épices puis mélangez à nouveau.

2. Déposez la préparation dans un moule à gâteau chemisé et enfournez pour 30 min. À la sortie du four, attendez quelques minutes avant de démouler puis dégustez.

CHARLOTTE
poire-chocolat

POUR 6-8 PERSONNES / PRÉPARATION 30 MIN / REPOS 1 NUIT

3 poires pelées et en cubes (1 x 1 cm)
25 à 30 boudoirs _ Un peu d'eau
Quelques noisettes torréfiées (pour le décor)
Pour la mousse au chocolat
5 œufs _ 200 g de chocolat noir dessert
1 sachet de sucre vanillé

1 Préparez la mousse au chocolat : séparez les blancs des jaunes d'œufs et montez les blancs en neige.

2 Faites fondre le chocolat au bain-marie. Mélangez-le avec le sucre vanillé et les jaunes d'œufs. Incorporez progressivement les blancs en neige à la préparation et mélangez délicatement avec une cuillère en bois. Réservez au réfrigérateur.

3 Placez un film plastique dans le moule afin de bien démouler la charlotte par la suite. Trempez un à un les boudoirs rapidement dans le bol d'eau et positionnez-les dans le moule en tapissant le fond puis les bords.

4 Ajoutez un tiers de la mousse au chocolat puis la moitié des fruits. Répétez l'opération en disposant d'abord les boudoirs imbibés, la mousse au chocolat et les poires. Terminez par une couche de boudoirs légèrement imbibés d'eau et placez la charlotte au réfrigérateur toute la nuit. Réservez le dernier tiers de mousse dans un récipient hermétique.

5 Le lendemain, démoulez délicatement la charlotte. Pochez le restant de mousse au chocolat sur le dessus et disposez quelques noisettes torréfiées.

CARROT
cake

POUR 6-8 PERSONNES / PRÉPARATION 15 MIN / CUISSON 35 MIN

220 g de carottes (3 carottes) râpées
250 g de farine _ 1 sachet de levure chimique
1 c. à soupe de cannelle en poudre
1 c. à café de gingembre en poudre _ 3 œufs
16 cl d'huile de tournesol (ou autre huile végétale)
50 g de noix de pécan _ 100 g de sucre de canne
Pour le glaçage 200 g de cream cheese
1 c. à café de cannelle en poudre _ 1 cl de miel liquide
Quelques pétales de roses séchés (facultatif, pour le décor)

1 Préchauffez le four à 175 °C. Dans un saladier, mélangez le sucre et toutes les poudres et, dans un second saladier, mélangez les œufs avec l'huile et les carottes.

2 Ajoutez progressivement les poudres à la préparation liquide tout en mélangeant jusqu'à l'obtention d'une pâte homogène et assez épaisse.

3 Ajoutez les noix de pécan et mélangez une dernière fois.

4 Versez la pâte dans un moule à gâteau chemisé. Enfournez pour 35 min. À la sortie du four, laissez refroidir avant de déguster.

5 Préparez le glaçage : mélangez le cream cheese avec la cannelle et le miel. Répartissez la préparation sur le dessus du cake. Il ne reste plus qu'à vous régaler !

ASTUCE — Vous pouvez ajouter quelques pétales de fleurs séchés pour la décoration comme pour les saveurs ; la rose se marie parfaitement avec ce cake.

SALADE
d'agrumes

POUR 4 PERSONNES / PRÉPARATION 10 MIN

2 oranges sanguines pelées
2 clémentines pelées _ 1 pamplemousse rose pelé
3 kumquats _ ½ orange en morceaux
Le jus de ½ orange _ Quelques feuilles de menthe fraîche

1 Coupez tous les fruits en tranches et placez-les dans un saladier.

2 Versez le jus d'orange pressé sur les fruits et déposez la menthe. Si vous souhaitez la déguster froide, réservez au frais un peu avant de servir.

PORRIDGE
aux graines de chia

POUR 1 BOL / PRÉPARATION 5 MIN / REPOS 1 NUIT

1 c. à soupe (15 g) de graines de chia
50 g de flocons d'avoine _ 2 c. à café de cannelle en poudre
20 cl de boisson végétale à l'avoine
½ banane en rondelles _ Quelques noix de pécan

1. Dans un pot ou dans un bocal, versez les flocons d'avoine, les graines de chia et la cannelle puis mélangez.
2. Versez la boisson végétale par-dessus puis mélangez à nouveau. Laissez reposer toute la nuit au réfrigérateur.
3. Le lendemain, déposez la banane et les noix de pécan sur le dessus. Il ne vous reste plus qu'à vous régaler.

CONSEIL ___ Idéalement, préparez ce porridge la veille pour le déguster le lendemain matin.

VARIANTES ___ Vous pouvez remplacer la cannelle par 1 c. à soupe de cacao en poudre non sucré. Pour les becs sucrés, vous pouvez ajouter un peu de sirop d'agave en même temps que la boisson végétale. Enfin, vous pouvez remplacer la banane par le(s) fruit(s) de votre choix.

COOKIES
banane-avoine

POUR 8 COOKIES / PRÉPARATION 5 MIN / CUISSON 18 MIN

1 banane mûre _ 100 g de flocons d'avoine
2 c. à soupe de purée de cacahuète (voir recette p. 136)
60 g de chocolat en morceaux (ou en pépites)

1 Préchauffez le four à 180 °C. Dans un saladier, écrasez la banane à l'aide d'une fourchette. Ajoutez la purée de cacahuète et mélangez.

2 Ajoutez le reste des ingrédients et mélangez à nouveau. Formez et déposez les cookies sur une plaque allant au four recouverte de papier sulfurisé, puis enfournez pour 18 min.

ASTUCE ___ Pour avoir des cookies qui font plus ou moins la même taille, vous pouvez utiliser une cuillère à boule de glace pour les former.

MATCHA
latte

POUR 1 TASSE / PRÉPARATION 5 MIN

1 c. à café de matcha en poudre _ 6 cl d'eau chaude
15 cl de boisson végétale de votre choix (ou de lait de vache)

1. Faites chauffer l'eau à 70 °C maximum. Dans un bol, déposez le matcha, versez l'eau chaude dessus puis mélangez énergiquement à l'aide d'un chasen (un petit fouet en bambou) en formant un « M » ou un « W » pendant environ 20 sec. Le matcha est prêt lorsqu'une fine mousse se forme sur le dessus.

2. Faites chauffer et mousser la boisson végétale à l'aide d'un fouet électrique ou d'un mousseur à lait. Versez-la dans une tasse puis ajoutez le matcha. C'est prêt à déguster !

ASTUCE ___ On reconnaît un matcha de qualité à sa couleur : plus le vert est éclatant, plus le matcha est de qualité.

CONSEIL ___ En tant que grande adepte du matcha latte, je vous conseille d'utiliser les boissons végétales de coco, riz-coco, soja vanille, amande intense, amande vanille et avoine. Je trouve qu'elles fonctionnent super bien !

CHOCOLAT CHAUD
à l'ancienne

POUR 1 TASSE / PRÉPARATION 5 MIN

30 g de chocolat en morceaux _ 15 cl de lait

1. Placez le chocolat dans le fond d'une tasse.
2. Faites chauffer le lait et versez-le sur le chocolat. Mélangez jusqu'à ce que le chocolat soit complètement fondu. C'est prêt !

VARIANTE ___ Pour un chocolat viennois, ajoutez de la chantilly sur le dessus.

ASTUCE ___ Cette recette est top pour écouler les chocolats de Pâques qui restent dans les placards.

SÉSAME
latte

POUR 1 TASSE / PRÉPARATION 5 MIN

1 c. à soupe de purée de sésame noir
15 cl de boisson végétale à l'avoine (ou lait de vache)
1 pincée de gingembre en poudre

1. Faites chauffer et mousser la boisson végétale dans une casserole à l'aide d'un fouet électrique ou d'un mousseur à lait. Dans une tasse, déposez la purée de sésame et le gingembre.
2. Versez un peu de boisson végétale chaude et mélangez jusqu'à passer d'une pâte à une préparation liquide.
3. Versez le reste de la boisson végétale, mélangez et dégustez.

LES TABLÉES DE FÊTES DE FIN D'ANNÉE

Bougeoirs végétaux
Pliage de serviettes
Bâtonnets de chocolat
et plus encore...

Comment décorer SA TABLE DE FÊTE ?

Parce que les fêtes de fin d'année sont synonymes de moments de partage – bien souvent autour d'une tablée – et que les petits détails font la différence, voici cinq idées de *Do It Yourself* simples à réaliser seul(e) ou avec des proches, et à placer sur votre table de dîner ou encore celle de brunch de Noël.

LES BOUGEOIRS
végétaux

Que serait un dîner de fête sans l'atmosphère magique apportée par les bougies ? Je vous propose ici de réaliser des bougeoirs végétaux en recyclant des bouteilles en verre vides. J'ai choisi des bouteilles transparentes afin de voir les feuillages et les fleurs glissés à l'intérieur, mais vous pouvez utiliser une bouteille de la couleur et de la forme de votre choix. La chose la plus importante est que la bougie doit être adaptée à la taille du goulot. Vous pouvez utiliser des fleurs fraîches comme sèches.

Bouteilles en verre _ Branches d'eucalyptus (ou autre feuillage de votre choix) _ Branches de gypsophile (ou autre fleur de votre choix) _ Bougies adaptées aux goulots des bouteilles Ficelle de jute ou ruban _ 1 pistolet à colle et de la colle

1 Lavez les bouteilles : retirez les étiquettes et la colle. Pour cela, passez-les sous l'eau chaude ou laissez-les tremper dedans une dizaine de minutes. Frottez ensuite avec un peu de savon et le tour est joué ! Si la colle est tenace, un peu de dissolvant sur un coton devrait en venir à bout.

2 Remplissez vos bouteilles de fleurs et de feuillages selon vos envies. Vous pouvez y placer une unique branche ou bien les remplir.

3 Placez les bougies dans les goulots de chaque bouteille et enfoncez-les un peu pour qu'elles ne bougent plus du tout. Si elles ne rentrent pas dedans de quelques millimètres, vous pouvez en tailler le bas à l'aide d'un couteau.

4 Afin d'apporter une touche en plus, il ne vous reste plus qu'à recouvrir les goulots de fil de jute ou de ruban. Pour cela, étalez un peu de colle avec le pistolet (attention aux doigts avec la colle chaude !) et enroulez petit à petit le fil autour. Sécurisez avec un dernier point de colle pour bloquer le fil.

ASTUCE ___ Vous pouvez ajouter de l'eau à l'intérieur des bouteilles. Celle-ci va permettre de stabiliser le bougeoir et créer un rendu différent avec les fleurs et le feuillage.

LE PLIAGE

sapin

En panne d'inspiration pour disposer vos serviettes de table ? Ce petit DIY fera toute la différence sur votre tablée, croyez-moi ! Bien que je vous recommande fortement de réaliser ce pliage en forme de sapin avec une serviette en tissu (en coton ou en lin), celui-ci peut aussi être effectué avec une serviette en papier.

---

1. Mettez la serviette à plat. Pliez-la en deux puis à nouveau en deux afin d'avoir 4 coins détachables superposés.
2. Placez les 4 coins face à vous, orientés vers le bas. Pliez le premier vers le haut. Faites de même avec les 3 autres coins.
3. Retournez la serviette et rabattez un premier côté à l'horizontale, puis l'autre.
4. Retournez et placez le sapin face à vous, les coins orientés vers le bas.
5. En commençant par le haut, rentrez le premier coin vers l'intérieur.
6. Pliez le deuxième coin vers le haut en bloquant la pointe sous le coin du dessus. Répétez l'opération pour les autres coins.

LES RONDS
de serviette

Envie d'une tablée aux styles champêtre et romantique ? Ces ronds de serviette seront la touche finale parfaite à votre décoration !

POUR 6 RONDS DE SERVIETTE / PRÉPARATION 15 MIN

3 rouleaux vides de papier toilette
(ou 2 rouleaux vides d'essuie-tout)
1 m de ruban de toile de jute (6 cm de largeur)
1 pistolet à colle et de la colle
1 m de ruban de dentelle

1. Coupez les rouleaux de carton en morceaux de 5 cm de long.
2. Enroulez la toile de jute autour des morceaux pour les recouvrir et coupez une fois que vous avez déroulé 15 à 15,5 cm de long. Appliquez de la colle avec le pistolet puis bloquez la toile de jute. Fixez bien les extrémités (attention aux doigts avec la colle chaude !).
3. Faites de même avec la dentelle. Mettez seulement un seul point de colle à la jonction des extrémités.
4. Vos ronds de serviette sont prêts à être utilisés !

JOLIS
glacons

Comme je le disais, ce sont les petits détails qui font la différence !
Alors, qu'y a-t-il de mieux que de façonner de jolis glaçons inspiration « houx »
pour *pimper* vos boissons et impressionner vos invités ?

POUR 15 GLAÇONS / PRÉPARATION 5 MIN

De l'eau _ Des graines de grenade
Quelques branches de romarin frais
Matériel 1 bac à glaçons

1. Remplissez les emplacements à glaçons aux trois quarts avec l'eau puis complétez avec de la grenade et des morceaux de romarin.
2. Placez le bac au congélateur et sortez les glaçons au moment de servir.

BÂTONNETS *de chocolat*

Voilà une jolie attention à offrir à vos convives en fin de repas ou à déposer dans l'assiette lors du dressage de table ; mais qu'est-ce que le bâtonnet de chocolat ? Il s'agit d'un bâton de cannelle planté dans un cube de chocolat qui, une fois plongé dans une tasse de lait chaud, vous donnera un chocolat chaud à l'ancienne au subtil goût de cannelle.

POUR 6 BÂTONNETS / PRÉPARATION 5 MIN / CUISSON 5 MIN

150 g de chocolat
6 bâtons de cannelle
Matériel 1 bac à glaçons

1. Faites fondre le chocolat au bain-marie ou au micro-ondes puis répartissez-le en parts égales dans les cubes du moule à glaçons. Plantez les bâtons de cannelle au centre de chaque cube.
2. Placez au réfrigérateur quelques heures. Il ne vous restera plus qu'à les démouler quelques minutes avant de les offrir.

INDEX